네 마음이 정답

네 마음이 정답

펴 낸 날/ 초판1쇄 2020년 1월 31일
지 은 이/ 강상희

펴 낸 곳/ 도서출판 기역
펴 낸 이/ 이대건
편   집/ 책마을해리

출판등록/ 2010년 8월 2일(제313-2010-236)
주   소/ 전북 고창군 해리면 월봉성산길 88 책마을해리
          서울 서대문구 북아현로 16길7
문   의/ (대표전화)02-3144-8665, (전송)070-4209-1709

ⓒ 강상희, 도서출판 기역, 2020

ISBN 979-11-85057-79-8 03370

이 도서의 국립중앙도서관 출판예정도서목록(CIP)은 서지정보유통지원시스템 홈페이지
(http://seoji.nl.go.kr)와 국가자료종합목록 구축시스템(http://kolis-net.nl.go.kr)에서 이용하실 수 있습니다.
(CIP제어번호: CIP2019049447)

세상은 캔버스 상상하는 미술교과서

네 마음이 정답

강상희 지음

ㄱ

사과 하나에도
다 다른 이야기가 담겨 있다

사과 하나에도 다양한 이야기가 담겨 있다.

백설공주의 사과, 잡스의 사과, 뉴턴의 사과, 나폴레옹의 사과, 세잔의 사과, 피카소의 사과, 프로이드의 사과, 르네마그리트의 사과, 아담과 이브의 사과, 트로이의 황금사과까지. 문화에 따라서, 주어진 환경에 따라서 사과는 각기 다른 상징으로 활용되고 해석되고 있다. 사과의 물체적 본질은 한가지이지만 이를 사용하는 사람들의 생각의 차이는 전혀 다른 의미의 사과들을 만들어내고 있는 것이다. 사과 하나를 두고도 다양한 상징과 해석이 존재한다.

미술가가 아닌 그 누구에게라도 표현하는 행위는 때로 자기 안에 것들을 놀이로, 때로는 유희로 향유하며 개인의 극단이 되기도 하고 집단성에 소속되기도 하면서 생의 순간을 생기있는 삶으로 유도하는 징검다리 역할을 한다. 그것은 부드럽고, 때로는 딱딱하며, 찌르기도 하고, 추하기도 할 것이며, 음울하기도, 악취가 나거나, 향기롭기도 하고, 달콤하거나 차갑기도 하며 뜨거운 모습을 띄기도 하면서 우리의 시선과 의식을 점령한다.

그러한 이유들로 인간의 감정과 삶이 관여하는 곳에는 언제 어디에나 미술의 소재가 있다. 감각과 감정과 욕망과 제도와 이념이 있는 곳곳의 틈새에 미술이 관여하고 언어로 표현할 수 없는 것들을 말랑하게 흘러나오게 해서 응시하게 하는 것이다. 드러낸 곳에는 공감과 지원, 치유와, 해방이 있다.

나는 미술시간에 아이들의 활동들을 통해서 그러한 일들이 일어나고 있음을 보았다. 미술활동 안에서 자기에게 고여 있던 무엇인가를 흘러나오게 하고 바라보고 말할 수 있게 하며 질문도 던져보고 답도 하면서 그러한 것들이 일어나고 있었다. 또한 다른 사람의 표현도 관심있게 바라봐주고 공감하면서 자신을 정리해가며 나와 너를 더욱 깊이 이해하게 됨을 보았다. 그것은 나를 스스로 인정하면서부터 시작된다. 그래서 아이들의 자기표현은 모두 정답이다. 언어적, 감정적, 행동적으로 거친 분출을 거치지 않고도 나의 생각을 내보내고 다른 사람의 생각에 공감할 수 있다. 특히 조형적인 표현과 활동들이 그것을 가능하게 한다는 것을 이 책을 통해서 알리고 싶었다.

며칠 전, 주말에 어느 초등학교 운동장에서 학교를 지키던 아저씨가 큰 소리로 아이들을 다그치는 것을 보았다. 아이들은 학교운동장에서 마음껏 소리를 내지르며 축구에 열중하던 중이었다. 얼핏 보기에 초등학교 삼사학년 쯤 되어 보이는 남자아이들 대여섯 명이 주말을 이용해서 축구를 하고 있었다.

갑작스럽게 나이든 남자의 목소리가 운동장에 쩌렁쩌렁 울렸다. "야! 느집 가서 차고 놀아~~", "나가~~", "왜 여기서 공을 차, 이놈들아~~"라며 큰 소리로 아이들을 쫓아내고 있었다.

"그럼 애들은 어디 가서 놀아요?"

나도 모르게 입 밖으로 나오고 말았다. 하마터면 '욱'하고 그 아저씨와 시비가 붙을 뻔했다.

교육과정으로 재단된 학교를 제외한다면 자연도 멀어졌고, 갈 만한 곳도 없으며 오로지 즐비한 상가들과 돈벌이가 되는 디지털 콘텐츠들만 그 아이들을 반길 뿐이다. 부모들도 아이들에게 해 줄 수 있는 것에 한계가 있다. 어른들의 환경도 크게 다르지 않기 때문이다.

길다면 긴 시간 중학교 교사로서 미술수업을 해왔다. 해가 바뀌고 학교와 아이들이 바뀌고 교육과정이 바뀔 때마다 갈팡질팡 혼란스러움을 감당하지 못하는 때도 많았다. 그러던 최근, 우연한 계기에 책쓰기 연수를 통해서 혼란스러움의 일부를 정리해 볼 수 있었다. 단지 글을 써보고 싶다는 생각으로 시작되었지만 교육기관 연수이다 보니 자연스럽게 학교와 아이들 이야기가 중심이 되었다. 책을 써 놓고도 조금 아쉬운 점은 좀 더 쉽고 읽기 편하게 쓰지 못한 점이다. 글쓰기에 대한 나의 내공 문제일 것이다. 그럼에도 불구하고 이 책이 언제 어디 누구에게나 미술활동이 일상의 부분으로 스며들어 삶을 치유하고 향유하는 수단으로서 역할을 다할 수 있는 작은 씨앗이 되기를 바란다.

2020년 1월 강상희

| 차례 |

프롤로그 … 004

선생님 명화가 뭐예요?
어느 날 화랑에서 든 생각 012
〈의사 가셰의 초상〉 속 숨겨진 삼각관계를 풀어 봐 014
내가 그 이름을 불러야 꽃이 된다 026

작품과 나
작품 안에 나 030/ 작품 안에 너 034/ 향유의 길 039

음식으로 명화 만들기, 도전
음식으로 명화 만들기 048/ 절규하는 나, 뭉크는 내 친구 052
건강하고 행복한 아이들 056

피노키오 프로젝트
푸른 요정의 힘 060
디지털키즈들의 영리한 스마트기기 활용법 064/ 미술시간에 애니메이션 만들기 070
너와 나, 우리의 작품 개봉박두 080

우리, 판화로 이야기해요
나를 표현하는 소재도 주제도 자유 088/ 내 마음을 들여다 보는 시간 094
거미와 거미줄, 그리고 099

상상놀이: '나는 화가다'

겁내지 않고 상상하기 106/ 화가 상상놀이 110

타임머신 타고 옛날 예술가가 되어 보아요 112

붓과 파렛트만 있으면

마음대로 그릴 수 있는 동굴이 없잖아 124/ 캔버스 같은 나, 바디페인팅 135

성장기적 욕망의 분출, 화장 143

좀더 편하게 좀더 자유롭게, 교복 디지인

일년 내내 교복 148/ 네 맘대로 네 스타일대로, '네' 것이 정답 150

내 몸이 원하는 것 156/ 잘 알지도 못하면서 161

평가의 디테일

동료평가, 무엇을 위해 나와 동료를 판단하나? 168

동료평가, 과연 공정할 수 있을까? 173/ 교사평가를 생각하다 179

선생님, 명화는 이런 거예요

아마도 명화란…… 182

에필로그_자기만의 방

누구나 한 번쯤은 다를 수 있다 196/ 외로운 보물창고 198

고스트 셸 202/ 혼돈의 시간 206/ 추함을 보다 214

이면 216/ 내 안의 하이드 죽이는 법 219

선생님, 명화가 뭐예요?

어느 날 화랑에서 든 생각

지난 겨울 친구와 함께 서울에 갈 일이 있었다. 집으로 오기 전에 약간의 여유가 있어서 행선지 주변에서 열렸던 전국화랑미술제를 관람했다. 전국화랑미술제는 국내 111개 화랑이 참여한 전시회로, 500여 명 작가의 작품 5,000여 점이 전시되어 있었다. 폐막이 딱 한 시간 남아서 그런지 관련자들도 많고 관람객도 제법 있었다. 숨 가쁘게 관람해야 하니 친구와 따로 떨어져 각자 관람하기로 했다. 사실 미술작품을 관람해본 지가 언제인지 모를 정도로 오랜만이었다. 버스를 타고 창밖 풍경을 감상하듯 그야말로 획 획 지나다녔다. 그 와중에도 나는 무엇인가를 챙겨가고 싶었는지 캔버스의 평면을 넘어서 영화화된 작품들 앞에서는 꽤 오랫동안 서 있었다.

관람객이 작품을 구입하는 장면도 볼 수 있었다. 현장에서 계약이 이루어지며 서류작업을 하는 모습들이었다. 고객을 소중히 모시는 화랑 관계자의 모습을 보며 '나도 고객이 되고픈 욕구가 있기는 있는 것인가'하고 잠깐 생각해 보았다. 예술가들의 분위기는 스타일리시했다. 그러나 작품들 사이사이에서 뒤따라오는 그들의 고독한 눈빛은 어색한 불편함으로 맴돌았다.

부스의 모퉁이들을 돌아 새로운 부스에 들어설 때마다 예술가 개인의 아우라가 작품에 그대로 묻어나고 있음을 느꼈다. 오십대 중반을 넘긴 듯한 한 관람객은 바다 풍경에 흠씬 빠져 있다. 셀러리맨 차림의 그는 손잡이가 헤진 무거운 가방을 어깨에 맨 채 짙푸른 바다가 넘실대는 장면을 응시하고 있었다. 그는 넓은 홀에 마이크 소리가 크게 흘러나오자 정신이 드는 듯했다. 폐막 십분 전이니 관람객들은 이제 그만 관람을 마쳐주고 화랑관계자 여러분은 여섯시까지 작품을 수거하라는 방송이었다. 서둘러 관람을 마치고 친구와 만나기로 했던 장소로 향했다.

　친구는 먼저 나와서 나를 기다리고 있었다. 친구가 앉아있는 긴 의자 옆에 있던 청소년 아들, 딸 그리고 그들의 부모까지 한 가족이 막 떠나가고 있었다. 친구는 본의 아니게 그들이 하던 이야기를 들었던 모양이다. 자신들이 구입한 천삼백만 원짜리 그림을 어디에 걸 것인지 이야기하더라고 내게 말해주었다. 그들의 대화 속에서는 가격에 대한 정보 말고는 알 수 있는 것이 없었다고도 했다. 짧은 시간이기는 했지만 작품을 제공하는 화상도 작품을 구입하는 소비자도 천삼백만원을 가지고 무엇을 팔고 샀는지 알 길이 없다고 말했다. 친구의 씁쓸함이 내게도 전해진다.

　생각해보니 내 모습에서 지식과 지갑의 얇음이 드러나기라도 하는 것인지, 화랑 관계자들은 은밀하면서도 품위 있는 호객을 위한 어떤 사인도 내게 보내지 않은 것 같았다. 바빠서일까? 화상과 소비자 사이에서 어정쩡하게 위치한 예술들 역시 쉽게 접할 수 있는 어떤 통로가 보이지 않는다. 나는 그곳에 무엇을 구하러 간 것일까? 그리고 나와 비슷한 대부분의 평범한 사람들은 작품이라는 것과 어떻게 만나야 하는 것일까?

〈의사 가셰의 초상〉 속 숨겨진 삼각관계를 풀어 봐

화랑에 다녀온 지 몇 달이 지난 어느 날 수업시간이었다. 평소와 같이 운영되던 미술시간 표현 수업의 주제는 '음식으로 명화 따라하기'였다. 수업개요를 설명하고 한참 수업이 이루어지던 시간에 한 학생이 문득 "선생님 명화가 뭐예요?"라는 질문을 던졌다. 순간 나는 멈칫했고 그에 대한 답을 곧바로 명확하게 제시하지 못했다. 우선 어설프게 대답하기를 교과서에 나오는 유명한 사람들의 그림이나 작품들이라고 답했다. '명화 따라하기' 수업에 앞서 명화가 무엇인지에 대한 의문을 나 스스로가 품어보지 않았던 것이다.

학생들이 이 수업을 통해서 '명화'라는 사전적 의미를 아는 것에만 그쳐버린다고 해도 지식전달의 역할은 이행된다. 그러나 명화라는 것이 무엇인지에 대한 표면적인 의미를 아는 것에 그친다면 명화에 대한 관심을 갖게 할 수 없고 아이들의 감성적인 깊이와 넓이를 확대해 갈 수 없다. 그렇다면 명화가 의미하는 사전적인 정의로 다가가기보다는 그림이나 작품이 개인에게 어떻게 다가가야 하는 것일까. 도식적인 이야기지만 작품에 흥미를 가질 만한 고리가 필요했다.

그림 이야기는 웬만해서는 인터넷 포털사이트 검색어에 오르지 않는데,

간혹 순위에 올라오는 경우가 있다. 어떤 화가의 그림 한 점이 수백, 수천 억에 경매되었다는 기사가 그것이다. 우리나라 사람들에게는 피부에 와 닿는 기사는 아니라고 해도 누구나 궁금하고 놀라운 사건이 아닐 수 없다. 그 놀라운 기사 중의 하나가 고흐의 그림 〈의사 가셰의 초상〉 경매 가격이다. 물질적인 값으로 치자면 나무로 틀을 짜고 천을 입힌 후 그 위에 유화 물감을 얹은 것에 불과하다. 몇 십만 원이면 충분할 것이다. 그런데 작품에 어떤 가치가 있기에 천 몇 백 억이라니…… 미술품 경매사적 사건을 아이들의 책상 위에 올려보기로 했다.

『가셰 박사』 경매되다

이 초상의 거래가격은 1억4천8백30만 달러, 한국 돈으로 1,650억원 정도입니다. 이 거래는 20년 전에 이루어졌고 당시에는 최고가격이었습니다. 거래 성사일은 1990년 5월 15일이구요. 이 초상의 첫 번째 소장자는 고흐의 동생 테오였습니다. 1897년 고흐의 여동생이자 테오의 누이가 300프랑에 판 이래로 여러 사람의 손을 거쳐 프랑크푸르트시립미술관에 걸려 있습니다. 세계대전 시 독일 나치스에 의해 '퇴폐미술'이라는 이유로 전시 금지가 되어 지하실에 있다가 13번이나 주인이 바뀌는 긴 여정을 거쳤습니다. 100년 후인 1990년 5월, 지그프리트 크라마스키 가족에 의해 미국 뉴욕의 미술품 경매회사 크리스티 경매장에 나타났습니다. 그곳에서 8천2백5십만 달러에 일본인 제지업자 료에이 사이또에게 팔렸습니다. 당시 미술품 경매사상 최고가 기록이었지요.

초상화를 구입한 료에이 사이토는 일본 다이쇼와제지 명예회장으로, 일본 주식시장에서 수익률이 나오지 않자 예술품 수집가로 나섰던 것입니다. 고흐가 죽은 지 100년이 된 1990년 5월, 뉴욕 크리스티 경매에서 〈의사 가셰의 초상〉 구입에 나섰습니다. 당시 무려 8천250만 달러(약 950억 원)를 적어 넣어 낙찰됐습니다. 세계 최고의 그림 값이었지요.

그 때문에 그림 값이 천정부지로 높아졌고 세상의 미술품은 대기업이나 헤지펀드 운영자의 투기수단으로 바뀌었습니다. 당시 75세였던 료에이 사이또는 매스컴의 집중을 받자 자신이 죽을 때 이 그림도 함께 화장할 것이라고 말했다고 합니다. 그래서 돈밖에 모르는 경제동물이라고 세간의 비난을 받았습니다.

초상화를 경매 받은 료에이 사이또는 도쿄의 밀폐 보관실에 그림을 보관하였습니다. 이후 <의사 가셰의 초상>은 미국인 수집가에게 액수미상으로 팔렸으며 소유자는 공개나 전시를 원하지 않고 있습니다.

-출처: http://blog.naver.com/PostView.nhn?blogId=justinceo&logNo=30165662314

사실은 위와 같지만 학생들에게는 약간 다르게 소개했다. 미술품이 관련 인물들과 어떤 연관성을 가질 수 있는지 알기 위해서 경매사건에 대하여 약간의 각색이 필요했다. 이야기를 거르지 않고 원문대로 소개하면 예술품이 가지는 원래의 역할은 외면당하고 특정인들만 누리고 가질 수 있는 투기의 수단이라고 각인될 가능성이 크다는 판단에서였다. 그에 더해서 자신과는 관계없는 세계의 일이라고 치부해 버릴지도 모른다. 작품이 아이들에게 관심과 호기심의 대상이 되기를 바라는 생각에 나는 이야기를 살짝 바꾸어서 소개했다.

1500억을 둘러싼 삼각관계

고흐가 그린 <의사 가셰의 초상>을 아주 높은 가격에 구입한 수집가가 사망 당시 유언으로 그림과 함께 화장을 시켜달라고 했습니다. 20년 전 당시 구입가격이 웬만한 부자로는 꿈도 꿀 수 없는 가격인 천오백 억이라는 점이 놀랍기도 하지만 더욱 놀라운 것은 수집가가 죽었을 때 그 그림과 함께 화장되기를 원했다는 사실입니다. 고인의 유언대로 함

빈센트 반 고흐, 〈의사 가셰의 초상(Portrait of Dr. Gachet)〉, 캔버스에 유채/67×56cm

께 화장이 되었을까요? 아니면 주인은 이미 사망했고 그림은 세계적인 명화이니 태우지 않았을까요? 아니 그보다도 <의사 가셰의 초상>을 마지막으로 소유하고 있었던 수집가는 어떤 생각으로 함께 화장되는 것을 원했던 것일까요? <의사 가셰의 초상>이라는 그림을 바라보면서 여러 가지 추정을 해 볼 수 있을 것입니다. 일본인 수집가는 대체 왜 <의사 가셰의 초상>과 함께 화장되기를 원했을까요?

삼각관계를 풀어봐

수집가는 의사 가셰에게도 관심이 많았겠지만 고흐에게도 관심이 지대했을 것입니다. 그런데 고흐와 가셰는 일본인 수집가를 알고나 있었을까요? 전혀 관계도 없고 만난 적도 없는 사람이 엄청난 돈을 지불하여 고흐와 가셰의 무엇을 산 것일까요? 그리고 무엇 때문에 저승에까지 함께 가고 싶었을까요? 고흐와 가셰라는 연결고리가 없다면 그림 값은 단돈 몇 푼이 될 수도 있습니다. <의사 가셰의 초상>의 최초 거래 가격은 우리나라 돈으로 칠만원이었다는 이야기도 있습니다. 고흐와 가셰와 수집가, 이들 3인은 대체 어떤 관계였기에 오늘날에 미술경매사적으로도 놀라운 역사가 되었을까요?

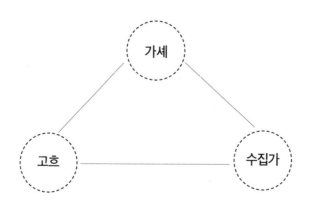

삼각관계 풀어줄 실마리 질문들

1. 고흐에게 그림은 어떤 의미였을까?

2. 가세에게 자신의 초상화를 포함해서 그림은 어떤 의미였을까?

3. 수집가에게 그림은 어떤 의미였을까?

4. 상상력을 동원해서 세 사람이 어떤 관계인지 추정해보고

   일본인 수집가는 왜 <의사 가세의 초상>과 함께 화장되기를 원했는지 풀어보세요..

5. 경매가로 표현되는 가치 이전, 작품이 어떤 시대에 어떤 사람에게 어떻게 다가가

   어떤 의미가 되는가?

6. 미술 작품이 지금 '나'에게는 어떤 의미가 있을까요?

아이들은 내가 예상치 못한 다양한 답변을 작성했다. 아이들의 머릿속에서 <의사 가세의 초상>은 다양한 모습으로 재구성되었다. 작품이라는 것이 자신에게 어떤 의미를 가질 수 있는지에 대해서도 생각하면서 개별적인 연상대로, 보고 싶은 대로, 아이들 숫자만큼의 이야기들로 이양되어 갔다.

아직까지 나의 거짓말에 반기를 드는 아이가 없음을 다행히 여겨야 할까? 약간의 거짓말이 끝까지 선한 거짓말로 머물기를 바라며 아이들과 친구의 초상화 그리기 수업을 진행했다. 고흐와 가세처럼.

나는 이렇게 생각해요

1. 고흐에게 그림은 어떤 의미였을까?
· 직업, 돈, 유일하게 돈을 벌 수 있는 생존수단
· 삶의 이유, 삶의 전부, 인생
· 자신의 눈, 자신의 내면적, 외면적 도플갱어
· 자기 자신을 이해하고 위로함, 자신의 마음에 안정을 주는 것
· 정신적 지주, 힘든 삶 중 한 개의 빛줄기, 구원의 메시지들

2. 가셰에게 그림은 어떤 의미였을까?
· 친구, 선물, 가난하긴 하지만 내 멋진 친구의 그림
· 환자가 의사에게 그려준 그림으로 인생 최고의 선물
· 의사로서 환자를 보살펴준 것에 대한 감사의 표시
· 고흐와 자신을 이어준 연결고리
· 자신의 환자인 고흐를 치료해 줄 수 있는 수단
· 거울이면서 나를 볼 수 있는 물건
· 다른 사람의 삶을 설명해 주는 것

3. 수집가에게 그림은 어떤 의미였을까?
· 큰 돈이 될 수 있는 것, 후에 돈을 많이 벌게 해주는 수단
· 수집가로서 모험 중 선물, 소중한 선물, 죽기 전에 마지막 보물
· 과시를 위한 수단, 부유, 품격, 스트레스를 풀어줄 행복한 소비의 원천
· 가치, 존경, 인생 최고의 작품, 사랑하는 존재, 돈이 아깝지 않은 훌륭한 그림
· 가셰의 초상에서 자신의 모습을 보았다
· 죽어서도 함께하고 싶은 친구, 쏘울메이트

4. 상상력을 동원해서 세 사람이 어떤 관계인지 추정해보고

일본인 수집가는 왜 가세의 초상과 함께 화장되기를 원했는지 풀어보세요.

· 소유욕, 시대적 의식의 흐름과 요구에 의해 그림 선택

· 가세는 고흐의 재능과 그림을 좋아하고, 수집가는 고흐의 그림을 비싸게 구입함으로써 고흐의 그림 가치를 높여주는 관계

· 수집가도 가세처럼 그림의 대상이 되고 싶었을 것

· 일본인 수집가도 고흐와 같이 정신병을 앓고 있어서 가세 초상을 구입한 것

· 수집가는 자신이 힘들 때나 행복한 때나 부유하거나 가난하여도 언제든 미술을 접할 수 있다고 생각하기 때문에 그림을 구입했을 것

· 수집가는 그림을 보고 고흐와 가세라는 사람들의 세계를 체험해 보았고 거기에는 고흐의 아픔이 물들어 있다고 생각해서 그 아픔을 없애주기 위해 화장을 원했다.

· 수집가는 의학을 전공했는데 선배로부터 가세에 관한 이야기를 듣게 되었다. 고흐와 가세는 우정이 돈독했고 가세는 그림을 그닥 좋아하진 않았지만 고흐 때문에 초상화의 모델이 되었다. 수집가는 선배의 이야기를 듣고 감동한 나머지 저승에서 가세와 고흐를 만나 그림을 선물로 줘야겠다고 생각했고 작품을 같이 묻어 달라고 하였던 것이다. 일단은 수집가의 것이니 같이 묻었지만 배은망덕한 수집가의 자손들이 무덤을 파서 팔아버렸다. 그렇게 셋의 인생은 아름다웠지만 수집가의 소원은 이뤄지지 않았다.

· 자기 것이니까 다른 사람에게 주기 싫어서 작품과 함께 화장되기를 원했다.

· 일본인 수집가가 네덜란드를 싫어해서 네덜란드가 자랑하는 세계적인 명화를 없애려고 각별한 사이인 척하면서 태우려고 했던 것

· 사후에 자신에게 평화와 안정이 있기를 바란 것

· 고흐가 죽을 당시 가세의 초상은 가세와 고흐를 모두 의미하는 그림이었기 때문에 죽어서도 함께하고 싶었던 것

5. 경매가로 표현되는 가치 이전, 작품이 어떤 시대에 어떤 사람에게 어떻게 다가가 어떤 의미가 되는가?

• 지적·감성적 즐김의 대상

-개인마다 다르지만 만약 힘든 시대에 가난한 사람에게는 의미가 되지 않을 것이
다. 돈 벌기도 힘든데 여유부릴 시간이 없으니까. 하지만 좋은 시대에 부유한 사
람에게는 아름답게 다가갈 것이다. 여유를 부려도 재산은 넘쳐나기 때문에 그림
을 의미 있게 받아들일 것이기 때문이다.

-미술을 진심으로 생각하고 이해하며 돈과 명예를 생각하지 않고 미술 그 자체를
바라보는 사람에겐 정말 훌륭하고 아름다운 작품이었을 것이다.

-꼭 돈이 아닌 원래 본인의 생각과 인생을 알게 해주는 색다른 최고 예술작품

-어떤 시대에 그려졌든 작품이 주는 메시지는 변하지 않는다고 생각한다. 어떤 시
대, 어떤 사람, 어떤 의미가 되는가, 그것은 사람마다 다르겠지만 그 사람이 작가
의 메시지를 이해했다면 그것은 충분히 가치가 있다.

-화가의 혼, 인생, 화가가 투자한 시간 등이 경매가로 표현되는 가치 이전에 가치
이다.

• 그림은 그려진 시대나 감상하는 시대의 시대성을 반영한다

-한 작품은 사람마다 각각 다른 의미가 주어질 수 있다. 그 사람이 사는 시대며
당시 기분 같은 요소가 작품에게서 다가오는 의미를 변형시킬 수 있다.

-인생의 암흑기에 삶의 활력소, 그림을 그린 화가의 시대 감정, 상황, 배경 등이 나
타나서 역사적 미술적으로 큰 의미가 되는 것

-그 시대가 언제든 그 시대의 화가가 그린 그림은 같은 시대에 사는 사람에게 보
여짐으로써 또 다른 관점의 세상들을 보여주는 것이 될 수 있을 것 같다.

• 공감, 위로, 의지

-삭막한 도시에 사는 시대에 애정을 느낄 수 없는 사람에게 단지 상업적 관계가
아닌 의지할 수 있는 예술작품으로 다가가 따뜻한 의미가 될 것이다.

-인생이 고되고 힘들고 시련이 많은 사람에게 당신과 같은 사람이 있다, 많이 고생
했다, 이런 의미로 다가갈 것 같다.

-개인주의 시대에 사는 힘든 사람들에게 자신과 비슷하다는 동질감으로 다가

와 나만 이런 것이 아니구나, 어떤 사람이라도 힘들구나와 비슷한 의미가 된 것 같다.

-어떤 시대든 그림을 사랑하고 그림에서 화가의 영혼을 느낀 사람에게는 감동, 공감 등 큰 의미가 될 것이다.

-작품이라는 것은 그 시대를 살아가는 사람들에게 위로 또는 웃음 감동 등 여러 가지 다양한 느낌을 준다.

• 불필요할 수도 있는 것

-나폴레옹은 모나리자를 화장실에 걸어놓았다. 이 예로 보아 그림은 그 그림을 받아들이는 사람에 따라서 소중한 의미를 가질 수도 있고 그냥 평범한 그림이 될 수도 있다.

-쓸모없는 존재다.

• 유산

-작품은 화가에게 자식 같은 존재이기도 하지만 생계수단이었고 그것을 이용해 다른 사람들에게 그림들로 다가가 팔고 그림을 산 사람은 그림을 입양한 아이처럼 소중하게 보살핀다.

-자신의 분신과 같은 존재

-한 사람의 삶을 나타내는 것, 물려주는 것

-나도 하나 걸고 싶은 것, 부자들이 가질 수 있는 것

6. 미술 작품이 지금 '나'에게는 어떤 의미가 있을까요?

-내 상상의 증거

-오직 상상하는 사람이 연필을 잡고 흰 바탕에 표현할 수 있다. 연필을 깎을 때 다듬을 심이 길어지듯이 우리도 생각을 다듬으면 상상은 완벽해진다.

-내 안에 잠들어 있던 상상력이 풍부해져서 남이 생각하지 못한 여러 가지 생각들을 할 수 있게 된다.

-화가에게 어떠한 의미의 그림일지 추측하고 더 깊이 이해할 수 있어 나를 창의적

으로 만드는 것 같다.

-그림을 그린 작가가 어떤 생각을 가진 것인지 풀어내 보는 것이 마치 책을 읽는 것 같아서 재미있다.

-입으로 말 안 해도 말할 수 있는 것

-많은 생각을 하게 하고 느낌을 주는 존재

-그림은 순간을 담아내면서도 자신이 원하는 상징적인 의미와 메시지를 넣을 수 있다.

-미술작품은 속마음과 기분을 표현할 수 있는 자유로운 것

-보면 아름다움을 느끼게 해 주는 것이지만 그 속에 담긴 또 다른 이야기가 있는 것이므로 그에 대해 생각하고 추리해볼 수 있는 또 다른 의미로 신비로운 것 같다.

-미술작품이 나를 표현하는 것이라 하면 미술 작품은 그 당시의 정서 또는 상황을 잘 표현한 것이라 생각한다. 다양한 빛, 색, 모양, 예술로 나를 표현해낼 수 있는 행동, 또는 나를 한번에 소개할 수 있는 최소의 단위 또는 수단

-그림에 소질이 없는 내가 한 번씩 그림을 정말 그리고 싶을 때 진심을 담아 최선을 다해 나만의 방법으로 그림을 완성할 때, 희열과 뿌듯함을 느끼게 해준다. 또한 사소한 것을 완성할 때 힐링된다. 최선을 보여주는 고마운 존재다.

-예전에 내게는 미술이라는 것이 별로 중요하지 않았고, 무조건 실제랑 비슷하게 그려야만 잘 그린 그림이라고 생각했다. 그러나 지금은 실제와 비슷하지 않아도 굉장히 잘 그린 느낌이라고 생각된다. 옛날의 미술작품은 그냥 '잘그렸다' 정도의 느낌이었으면 지금은 하나하나 꼼꼼히 살펴보게 된다. 미술작품은 왠지 모르게 마음을 안정되게 해주는 것 같다.

-나에게는 힘인 것 같다. 왜냐하면 미술작품을 보면 마음이 평온해진다.

-진정한 자신을 그림이나 모형으로 표현하여 느낌을 더욱 강조할 수 있는 아주 중요하고 가치가 있는 것, 그리고 삶에 지친 사람들을 일깨워 주는 중요한 매개체

-공감하게 하는 것, 위로와 반성, 말이나 행동이 아닌 것으로 마음을 움직이게

하는 것.

-누군가는 눈물 흘리게 만들고 누군가는 행복하게 만들 수 있는 것

-작품은 나에 대한 또 다른 감명이자 위로이며 새로움

-나에게 미술작품이란 난해한 존재이다. 나는 미술작품에서 잘 그린 것과 못
 그린 것의 차이를 잘 모르겠다.

-시시한 존재, 사실 무엇이 대단한지 잘 모르겠다.

-나에게 미술작품은 너무 큰 의미 없이 그냥 있는 그대로 보며 머릿속에 떠오
 르는 대로 생각하는 것이다.

-즐길 거리, 보물

-난 책을 사고 읽지 않는다. 하지만 책을 살 때 묘한 희열을 느낀다. 그림 또
 는 다른 미술작품들을 조금씩 수집하고 본다면 더한 희열을 느낄 것이라고
 생각한다.

내가 그 이름을 불러야 꽃이 된다

    수집가는 수집가이기 이전에 그 그림에 대한 감상자이고 주체적인 가치 판단자이다. 그러한 사실을 기반으로 그 그림은 수집가에게 어떻게 다가가 어떤 의미가 되었는지 대략적인 추정은 가능하다. 경매가로 표현되는 가치 이전에 작품이 어떤 시대에 어떤 사람에게 어떻게 다가가 어떤 의미가 되는가를 생각해 본다면 굳이 명화라는 사전적 의미를 찾지 않는다고 하더라도 명화에 대한 이해는 충분하다.

    누구나 고흐의 그림에 대해 관심을 가지고 관찰한다는 조건을 충족한다면 고흐의 그림을 통해서 가셰라는 인물을 알게 될 것이다. 그리고 가셰와 고흐의 관계, 가셰의 직업, 고흐가 생각하는 가셰의 인생과 의미가 어떤 색과 형태 그리고 붓자국으로 표현되고 있는지 연결해서 생각해 낼 수 있을 것이다. 종국에는 고흐만의 감수성이 가셰를 통해서 어떻게 표현되고 있는지까지도 읽어낼 수 있게 될 것이다. '삼각관계를 풀어봐' 수업에서 아이들이 풀어낸 여섯 개의 이야기에는 '작품이 우리에게 무엇인가'가 모두 담겨있다고 해도 과언이 아닐 듯하다.

    어떤 형식으로든 작품과 만나고 느낄 수 있는 기회를 자주 갖는 것은 아이들의 표현에서와 같이 그 자체만으로도 행복한 일이다. 거기에 작품을 이루는 조형세계에 대한 이해를 더해 간다면 표현 언어의 다양성을 경험하게 되고 아이들 자신의 내면적 지평이 넓어짐을 느낄 것이다.

그림에는 그 자체에 매혹적인 생명력이 있다. 그리고 매혹으로부터 촉발된 관심을 갖고 그림을 이해하다보면 그 그림을 더욱 좋아하지 않을 수 없게 되는 경우도 있다. 그러나 꼭 그것이 정답이라고 말하기는 어렵다. 그림과 관련된 이야기부터 시작해서 작품에 매혹당해도 좋다. 그림과 관련된 이야기가 정작 그림이 아니라고 해도 그림을 둘러싼 숨은 이야기는 그림을 이해하고 즐기기 위한 매개체들이 될 수도 있다.

아이들 대개는 미술작품이라는 것이 자신들의 삶과는 관련이 없는 것이라고 생각한다. 너무 멀리 있기도 하고 특수한 사람들만 누리는 것으로 알기도 하며 알아야 할 우선순위에서 밀리는 경우도 있다. 어른들조차 어쩌다가 보는 낯선 그림들을 두려워하거나 발로도 그릴 수 있겠다고 폄하하기도 한다. 이런 환경이라고 하더라도 아이들이 학교를 오며 가며 하다못해 벽에 걸린 전시포스터라도 볼 수 있는 미술관이나 박물관이라도 있다면 작품이라는 것에 대해 조금은 다른 생각을 가질지도 모르겠다.

그림에 대해서 무관심하거나 여러 가지 이유로 뒷전에 밀려있는 상황에서 미술을 교육해야 하는 입장이라면 작품이나 작가와 관련된 이야기를 먼저 내미는 방법도 사용해 볼 수 있다.

작품과 나

작품 안에 나

살아간다는 것은 길고 짧은 만남과 관계들의 연속이기도 하다. 만남이 이루어지는 것은 사람과 사람일 수도 있고 동물일 수도 또 식물일 수도 있다. 혹은 생명을 가지지 않은 것일 수도 있다. 작품과의 만남은 생물적 생명과의 만남 여부가 아니라 어떤 세계와의 만남을 의미한다. 때로는 그 세계에 나의 일부가 있기도 하고 전혀 알지 못했던 낯선 세계로 다가와 내 안에서 새롭게 전개되기도 한다. 어떤 계기로 하여 작품과 만남이 이루어질 때 그것의 이해를 넘어 그것과 내 것이 만나 또 다른 세계가 만들어지는 경이로움과 마주하기도 하는 것이다.

태아도 꿈을 꾼다고 한다. 태아의 시각적 안구운동이 꿈을 꾸고 있다고 확신할 수 있는 근거가 된다고 하자. 꿈은 소리로도 구성되어 있지만 시각적인 장면이 대부분이다. 태아는 어머니 뱃속을 단 한 번도 빠져나가 보지 않았고 그 어떤 것도 바라보지 않았기 때문에 시각적인 경험이란 것이 있을 수 없다. 그런데 시각적인 경험이 없는 태아가 어떻게 시각적인 상징으로 표현되는 꿈을 꿀 수 있다는 말인가?

정신분석학자인 융의 집단무의식에서 드러나는 원형개념과 연관해서 생각해 보면, 융이 말하는 원형개념은 "태아도 꿈을 꾼다"는 주장에 대한 신빙성을 뒷받침해준다.

신체가 수백만 년의 해부학적 전사를 가진 것처럼 정신세계도 그러하다. 그리고 현대인의 신체가 모든 부분에서 이러한 발달의 결과를 나타내고, 어느 부분에서나 현재가 있기 전의 단계를 내비치고 있는 것처럼, 정신 또한 그러하다.

-카를 구스타프 융. 역자 조성기 『기억 꿈 사상』(2015.10.11), 「원형, 그 역동적인 에너지」 P.610

우리는 어머니 뱃속에 있는 태아의 머리에 전자 칩을 심지 않는다. 그럼에도 태아가 꿈을 꾼다는 것은 융이 말하는 신체와 정신세계의 전사(복제)가 태아에게 일어났다는 뜻이다. 융은 태아의 정신에 전사되는 시각적 상징과 내용을 원형과 집단무의식으로 지칭했다. 원형과 집단무의식은 인종과 국가를 가리지 않고 계속적으로 전사되고 있다. 태아가 꿈을 꾼다는 사실이 그것을 입증하는 하나의 근거가 될 수 있을 것이다.

의식하든 의식하지 못하든 우리는 누구나 꿈을 꾼다. 우리가 잠을 자는 순간에 꾸는 꿈에 대하여 의미를 두고 해석하려고 들지 않더라도 꿈이 현실세계의 의식으로 진입하는 순간에 상징적인 의미는 지워지기 마련이다. 이렇게 무의식의 장벽을 넘어온 꿈속의 내용과 소재들은 현실에서 집단무의식적으로 성격지워지곤 한다. 그러므로 꿈으로 표현되는 원형과 집단무의식은 만물이 공감하는 무의식적 기초개념이라고도 말할 수 있을 것이다.

인간이 꾸는 꿈의 90% 이상이 움직이는 그림이고 의미를 내포한 상징체계라고 가정할 때 누구나가 시각적 상징의 기본 틀을 장착하고 세상에 등장한다고 할 수 있다. 그것도 몇 백만 년간 누적된 정보를 머리와 몸에 장착하고 지구상에 등장한다.

전사된 정보 안에는 누구에게나 통용될 수 있는 공통된 특질이 있으며 공통된 특질이 분절된 영상의 형태로 가라앉았다 떴다를 반복하기도 한다.

예를 들면 3일 간격으로 2주간 꽃 꿈을 꾸었을 때 첫째 날은 들판에 탐스럽고 예쁜 빨강색 꽃이 보였다가 3일 후에는 깨진 화분에 심어진 신비로운 꽃이 보이는가 하면 또 며칠 후에는 시들어 버린 꽃이 보이기도 한다. 어느 날에는 온갖 꽃이 만개한 모습을 펼치기도 하는 것이다. 꽃이 상징하는 공통성을 바탕으로 상황적 변화를 무의식적으로 감지함에 따라서 다른 상태의 꽃들로 상징되는 것이다.

이 장면들은 내 안에 또 다른 나에게 선택되고 현실의 이미지와도 결합되어 드러나게 되는데 어떤 경우에는 타인이 제작한 그림이나 영상을 통해서 '언젠가 비슷한 것을 본적이 있어', 또는 '어디선가 분명히 본 것 같은데'라고 느끼며 나에게 도달하기도 하고 나의 언어적 표현에 의해 타인의 머릿속에 상상되기도 하는 다란성쌍생아(?)의 모습을 갖는다.

최첨단시대를 살고 있는 우리가 구석기시대 동굴벽화를 보면서 어떤 느낌을 갖고 어떤 생각을 하는지 생각해보아도 정신과 신체의 전사를 느낄 수 있을 것이다. 원시사회 당시 소떼가 살아있는 실제 장면을 본 적이 없는데도 내 안에서 구석기인들의 그림을 충분히 받아들일 뿐만 아니라 그들의 생생한 표현력에 감탄하기도 한다. 또 구석기시대의 동굴벽화를 보지 못한 사람에게 구석기시대 동물을 사냥하는 장면을 말로 설명할 때 그 말을 듣는 사람은 자기도 인식하지 못하는 사이에 머릿속으로 살아있는 장면을 상상하면서 이해하게 되기도 한다.

이러한 이해들이 가능한 것은 누구나 태아일 때부터 자신의 내면에 원형이라고 부를 수 있는 조형언어적 광맥을 이미 갖추고 있기 때문이다.

꼭 작품을 제작하는 작가가 아니라고 해도 작가가 제작한 작품들을 바라보면서 자신의 광맥과 마주칠 수도 있다. 그 광맥을 발견하기 위해서는 교육도 필요하고 지역문화적 인프라도 필요하며 주변사람들이 갖는 문화적 의식과 분위기도 중요하다. 영어와 수학도 어느 정도 수준으로 활용되기 위해서는 그냥은 되지 않듯이 관심을 가져야 하고 작품을 알기 위한 일정 부분의 노력도 동반되어야 한다.

미술활동을 통해서 자신의 내면에 있는 조형언어라는 청동거울을 찾아 흐릿한 거울을 정성껏 닦아내고 거울 안의 세계를 들여다보자. 그러면 자신 안에 이미 있던 풍부한 내면세계를 발견하고 누구나 특별한 기쁨을 맛보게 될 수 있을 것이다. 그렇게 된다면 굳이 더 많은 외면적, 물질적 기쁨을 얻기 위해서 자신의 인생을 소비해 버리지는 않을 것이다.

작품 안에 너

　'보슈'의 그림 쾌락의 동산[1]은 르네상스 시대에 종교적인 교훈을 담은 그림이라고 한다. 1500년 당시의 사람들은 '보슈'의 그림에 표현된 기괴한 세계를 어떻게 이해했을까? 만약 천오백년대 살았던 우리나라 사람이 '보슈'의 그림을 보기라도 했다면 어떻게 받아들였을까? 또, 1900년대 화가들인 살바도르 달리나 프란시스 베이컨의 그림을 내 주변 사람들에게 보인다고 하면 내 주변인들은 그 그림들을 알고 이해하기 위해서 얼마만큼의 노력을 기울일 수 있을까?

　아이들에게 이 화가들의 그림들을 보여주었을 때의 반응은 판타지 영화의 배경쯤으로 여기며 잠깐 신기해하고는 지나쳐버리곤 한다. 작품들이 실제 눈으로 볼 수 있는 세계도 아니고 그렇다고 판타지나 공포 영화의 장면처럼 역동적이지 않아서일까. 아이들의 관심을 끌기에 역부족이다. 그런 작품들을 보여주었을 때의 반응은 자신과는 전혀 다른 낯선 세계에 눈길이라도 한번 던져준 것만도 고맙게 여기라는 귀여운 오만함이 교실을 점령하고

---

1) 1500년. 패널에 유채, 양쪽: 220+195*cm*, 중앙: 220+390*cm* 스페인 마드리드 프라도 미술관

만다.

화가는 자신의 인생을 바치고 세상을 새롭게 해석하는 힘을 얻는다. 이러한 힘으로 제작된 작품들을 대하는 아이들의 태도에서 나는 좋은 물건이니 한번 관심을 가져주길 원하고 구매해 주기를 애원했다가 눈길 한 번도 받지 못하고 밀려나는 세일즈맨의 비애를 느끼고야 만다. 아이들에게 더 이상의 설명은 군더더기일 것이고 작품에 접근해 가는 방법에 대한 발상의 전환이 필요한 시점이다.

고흐는 화가생활을 하는 일생동안 단 한 점의 그림만 우리 돈 몇 만원에 팔았다고 한다. 팔리지 않음으로 하여 경제적으로 궁핍한 삶을 살게 된 점이나 병들고 버려진 거리의 여자와 사랑에 빠진 점, 불안정한 정신으로 자신의 귀를 스스로 자르는 행위는 우리의 현실적인 사고방식으로는 이해불가다.

만약 고흐가 살아있을 때 형 또는 동생 아니면 아빠나 삼촌으로 불리는 우리 가족의 일원이었다면 어땠을까? 화가로서 성공의 길은 멀고도 험난하며 보장되지도 않았는데 우리는 고흐의 동생 테오처럼 고흐의 열정과 예술성만 보고 후견인이 될 수 있었을까?

화가로서 고독하고 궁핍한 삶은 우리의 삶과는 먼 타인의 삶이고 누구나 자신의 영역에 포함시키고 싶지 않은 삶일 뿐이다. 그럼에도 불구하고 고흐의 삶과 작품에 관심을 갖게 되는 까닭은 무엇일까? 고흐가 자신의 삶을 관통하는 방식에는 있지만 나에게는 없는 그 무엇이 있기 때문이다. 그리고 그 독특한 삶과 사고의 방식이 만들어낸 그만의 그림세계 때문이다. 지구상의 단 하나뿐인 고흐에게만 있는 그것은 생존 당시에는 생존 방식의 다름으로 하여 외면 받았지만 오늘날에는 지구상의 누구나와 만나고 그림을 통해 영혼의 대화를 이끌 수 있는 그 무엇으로 변모되었다.

그런데 우리는, 아이들은 타인에 대해 알고자 하는가?

우선 '나'가 또는 '나'만 중요한 아이들에게는 이런 영혼의 대화가 어떠니 하는 말들은 머릿속에 쉽게 들어갈 것이라고 생각되지 않는다. 그렇다면 아이들의 가장 큰 관심사인 현재의 '나' 안에 '나'만 가지고 있는 것이 무엇인지 찾아보고 내가 주인공이 되는 것을 먼저 표현해보는 것은 어떨까.

다른 아이들에게 내가 가진 것을 진솔하게 설명해보고 난 후라면 나와 같은 존재인 '타인'을 받아들일 공간도 마련되지 않을까.

나와 분리된 타자(너)

사람은 누구나 같은 시간에 두 개의 인생으로 살아갈 수 없다. 그러므로 같은 경험이라고 할지라도 타자의 경험은 온전히 나와 같은 경험이 될 수 없다. 여러 사람이 동시에 같은 풍경을 보고 그린다고 해도 대상은 같지만 제각각 다른 그림이 되는 현상과 같다. 어떤 이유로 제각각 다른 그림이 되었는가.

내 안의 타자(너)

한사람이 한 자리에서 풍경을 여러 장 그린다고 해도 그리는 시간에 따라서 전혀 다른 그림이 되기도 한다. 모네의 연작 루앙 대성당(루앙 대성당: 연작 1892~94년경)이나 포플러(포플러: 연작 1891년)를 보면 쉽게 알 수 있다.

나와 나를 둘러싼 환경 간에도 어떤 상황이 끼어드느냐에 따라서 다른 그림들이 되는 것이다. 그때는 맞고 지금은 틀릴 수 있듯이 나와 또 다른 나 사이에도 '다름'이 존재한다. 타자는 또 다른 나이고 내 안에도 타자가

모네의 연작 루앙 대성당 1894

존재하는 것이며 그것의 시각적인 증명이 미술작품이다.

다름이 존재할 때

나와 타자들 간, 존재와 존재간의 다름이 끼어들 때는 상호간의 이해 여부에 따라서 매혹될 수도 있고 갈등의 씨앗이 될 수도 있다. 특히 서로 다른 것은 이해관계가 맞물릴 때 수용하기 어렵고 갈등의 싹이 되기도 한다. 그래서 존재의 '다름'을 이해하기 위해서는 꺼내고 바라봄을 위한 수단과 시간이 필요하다.

미술작품을 매개로 한 이해됨은 모든 관계의 문제들이 풀리고 매혹으로 돌아설 수 있는 단초가 된다.

책이든 그림이든 산자이건 죽은자이건 멀리 있는 자와의 '다름'은 일상에서의 갈등 없이 나를 풍부하게 할 가능성이 높다. 그러나 내 옆에 있는 다른 누군가의 다름일 때는 경우가 다르다. 내 주변에 있는 이질적인 것을 이해하고 수용한다는 것은 결코 쉬운 일이 아니기 때문이다.

서로 다른 모습이 쌍방 간 이해 여부를 경계로 갈등과 화합을 가르는 예는 얼마든지 볼 수 있다. 자신(들)의 다른 모습을 조형언어로 표현하고 이해하는 시간을 갖게 하는 것은 다른 것을 통해 '나'를 확장하는 일이기도 하다. 또한 상호간 이해를 통해서 얼어붙은 관계에 해빙을 가져올 수 있는 계기가 될 수도 있다.

미술활동은 나와 다른 너와의 소통 체계이며 그것은 다양하면서도 아름다울 수 있다는 것을 체험하게 한다.

향유의 길

미술적 경험과 이해는 다른 것을 통한 자기 이해이며 자기 폭을 넓히는 여행이다. 이것은 학교라는 장소에서만 최소한의 수업을 배정한다고 해결되는 문제가 아니다. 살아가는 장소 구석구석에 공기처럼 배어 있어야 한다. 그렇게 되기 위해서는 다양한 생각들을 허용하고 담아낼 수 있는 도시와 시민의 문화적 역량이 기반되어야 한다. 그러나 유감스럽게도 그런 조건을 갖춘 도시는 그리 많지 않은 것 같다.

도시의 문화적 환경이 뒷받침되는 곳은 다양한 미술문화를 누리고 그 가운데서 자연스럽게 교육이 이루어질 수 있다. 그러나 대부분 지역에서의 미술교육은 학교에 배당된 최소한의 수업에 의존하고 있는 것이 현실이다.

미술은 문화적, 기질적 속성상 내적이고 자유롭고 대담하고 다양하고 때로는 기존 문화에 도전적이기까지 하다. 이러한 성격의 활동을 그나마 최소한의 수업 시수만으로 근근이 유지하고 있는 학교에서 표현을 위한 제작기법을 앞세워 등위를 따지거나 교육과정에만 의존하여 수업이 정형화된다면 그 결과는 어떻게 되겠는가. 아이들은 기존의 흉내를 내거나 자기감정에 충실하지 않은 거짓 세계 뒤에 자신을 숨기고 말 것이다.

최소한의 미술시간을 유지하고 있는 상황에서 그나마 아이들의 정서와 밀착되지 않는 시간이 된다면 미술에 정서적 애착을 배당할 아이들은 극소수에 불과하다.

아이들이 학교의 미술수업에서 자신의 생각을 작품에 자유롭게 표현하고 다른 친구들의 작품들은 다른 세계를 넘나들 수 있는 통로가 되어 줄 수 있다고 가정해보자. 자연스럽게 미술활동에 애착을 가질 수 있을 것이다. 또한 특별한 기쁨을 맛볼 수 있는 기회를 아이들 스스로 만들어 갈 수 있을 것이다.

그에 더하여 시대와 개인의 심연이 녹아든 명화들을 보고, 듣고, 만져본 후 자신 안에 무형의 느낌이 고이고 쌓여 가는 것을 경험한다고 가정해보자. 그 느낌이 흘러넘칠 때 어떤 형식으로든 밖으로 튀어 나오는 것까지에 이를 수 있다면 그 일이 있기 전과 후는 결코 같을 수 없다. 훨씬 풍부한 생의 질감으로 자신을 채워갈 수 있는 것은 분명하다.

학교라는 제약된 공간에서 이런 활동의 통로가 되어 줄 수 있는 것이 미술시간이고 느낌을 끌어내고 쌓일 수 있도록 이끄는 응축된 매개체 중의 하나가 명화(작)다.

응축됨을 자신 안에 풀어 놓음은 눈에 보이는 대상들에 애착을 갖게 하며 주변에서 볼 수 있는 작은 것 하나까지 전과 다른 시선으로 바라 볼 수 있게 한다. 다른 시선으로 바라본다는 것은 새로운 가능성의 세계가 열리는 신호다.

일반적인 인식에 비추어 특별한 사람들만이 미술작품을 제작하고 향유할 수 있는 것으로 여긴다면 미술활동을 통한 내적 성숙과 향유의 기쁨을 느낄 수 있는 길은 영영 멀어지게 된다. 마침내는 종이 쪼가리에 불과하다는 생각과 함께 미술활동과 작품을 폄하하게 될 수도 있다. 학년이 올라갈수록 나이가 들수록 그런 현상은 더욱 심해지고 매우 특별한 소수의 사람들만 미술에 관심을 두게 되는 결과로 이어진다.

사람과 미술은 양 극단에서 서로를 끌어당기고 친근해져서 생활의 곳곳에서 접할 수 있어야 한다. 행동과 생각의 주체로서 자신의 가치를 확인하고 자신의 삶을 향유할 수 있는 길이 서로가 만나는 곳에 있기 때문이다. 그 일은 교실 안에서 시작될 수 있다.

교실에서 이루어지는 미술을 아이들은 어떻게 느끼는 것일까. 매년 교과 지도교사가 달랐던 아이들에게 나는 한 학기 정도 미술활동을 진행한 후 질문을 했다. '미술시간 미술활동은 여러분에게 어떤 영향을 주고 어떤 변화를 일으켰는가?'가 질문의 내용이었다.

교실 미술에 대한 아이들의 생각이다.

새로운 경험이다

· 많은 체험을 할 수 있었던 것 같다. 음식으로 만드는 것은 색다른 변화였고 교복 디자인도 처음 해보았다. 모든 활동이 독창적으로 할 수 있는 활동이었고 처음 해보는 미술 수업은 미술은 그림그리기라는 편견을 깰 수 있었다. 다음에는 어떤 활동을 할까 기대되었다. 원래 미술을 싫어하지만 2학년에 와서는 미술 시간이 걱정 없고 재미있게 되었다. 앞으로 더 색다른 활동을 하며 더 많이 경험을 하고 싶다.

· 1학기 동안 미술 활동은 새로 해본 활동들도 많았듯이 많은 것을 경험하게 하는 것 같다. 가장 먼저 시작한 판화에서부터 나의 생각을 작품을 통해 다른 방식으로 전해 줄 수 있겠다는 것을 알게 해 주었고 그 뒤로도 음식 재료들로 여러 작품이 만들어질 수 있겠

구나 라는 생각이 들게 해주었다. 최근에 시작한 점토를 활용한 작품 만들기도 모둠 친구들과 협동하며 미술활동에 대한 흥미를 더 느끼게 해 준 것 같다.

일상에서 보통은 음식재료들은 먹는 것으로만, 천은 옷이나 커튼 재료로만, 종이는 그림그리기 재료로만 사용한다. 이러한 재료들을 용도를 달리해서 감각적으로 활용해본 점이 아이들에게는 나름대로 신선한 자극이 된 것 같다. 이런 활동은 미술활동은 즉, 그림 이라는 고정관념에서 벗어나는데 도움을 주었다. 또한 일상적으로 사용하던 재료를 새롭게 다루어 보는 감각 경험은 감각하는 동물로서 매체의 바다를 상상해 볼 수 있는 여지를 주었다.

자신에게 들이댄 돋보기

· 그동안 나는 그림을 잘 그리지 못해 미술을 못한다고 생각했는데, 여러 가지 활동을 하면서 미술에선 잘하고 못하고가 없이 자기표현이 중점이 된다는 사실을 깨닫게 되어 미술에 대한 두려움이 사라지고 가까워지는 계기가 된 것 같다.

· 지금까지의 미술은 틀에 박혀 있었다. 나무를 그리라 하여 나무를 그렸고, 우주를 그리라 하면 우주를 그렸다. 하지만 이번 3학년 미술은 달랐다. 우선 처음부터 내 마음 속에 있는 것을 상상하여 표현하라고 하였고, 음식으로 명화를 표현하라든가, 교복을 상상해서 직접 디자인하여 만들기까지 모두 내 생각만으로만 하는 활동뿐이었다. 처음엔 당황하고 갈 길을 잃었지만, 시간이 지날수록 내 생각, 상상만으로 그대로 표현하니 상상의 범위가 넓어져 갔고 즐거워지기 시작하였다. 이처럼 이번 미술 활동은 내가 상상이라는 것을 할 수 있는 계기가 되었던 것 같았다.

· 분명 시작은 나의 의도가 아니었으나 여러 가지 활동을 하면서 나는 내면에 이러한 생

각이 있다는 것을 알게 되어서 내 진정한 목표를 세우는 데 도움을 준 것 같고 나를 더 긍정적으로 만들어주는 큰 변화를 일으켰다.

· 나를 들여다보고 나에 대해 생각해 볼 수 있는 시간이 주어지는 유일한 과목이다. 내 생각을 정리하고 심신을 안정시키는 방법을 배웠다.

정답이 아닌 것은 틀린 것, 틀리면 혼나고 두려운 것, 불이익을 당하는 것. 대체 이 정답에 대한 부채의식은 어디서부터 비롯된 것인가. 빚을 얻어 쓴 기억은 없는데 갚으라고만 하다니. 도대체 정답에게 무슨 빚을 그리 많이 짊어졌기에 아이들 생각을 꽉 붙들어 매고 생각의 틈을 주지 않는 것일까?

자신을 들여다 보고 생각을 이끌어내는 수업을 진행한 후에는 '뭐 배운 것이 있어요?'라고 말하는 아이들도 있다. 아이들은 '수업시간은 이래야 한다'라는 나름대로의 정답을 가지고 있는 것 같다. 앞에서 가르치고 많은 내용을 주입하거나 문제를 풀어내거나 외우지 않으면 배운 것이 없는 것으로 간주하기도 한다.

그런 가운데 몇몇 아이들은 밖에서 주어지는 답이 자신에게 꼭 필요한 답이 아닐 수 있다는 것을 조금씩 알아가기 시작했다.

표현 언어 그리고 위로

· 표현력을 훨씬 키워주었다. 나의 생각과 느낌을 말로만 표현하는 것이 아닌 미술 작품으로 표현하니 모든 것을 표현할 수는 없지만 지금 느끼는 기분 등을 잘 추슬러 작품으로 표현할 수 있게 되었다.

· 말이나 행동 이외에도 여러 가지 표현을 하는 방법을 배움.

· 힘들고 지친 나의 스트레스를 풀어주었다. 한편의 휴식시간 같았다.

· 재미, 성취감, 안정감을 주었고 상상력이 풍부해짐. 창의적인 생각으로 희열을 느낌. 뻔하지 않은 새로운 경험이 됨. 좀 더 신중하게 생각할 시간을 얻음. 미술쪽엔 자신감이 없었는데 자신감을 준 활동임.

· 미술활동이 수행이라는 부담감 때문에 좀 스트레스가 있었지만 '나의 추억, 슬픔, 기쁨도 표현할 수 있어서 재미있었으며 나는 좀 어두웠으나 미술활동 덕에 밝아질 수 있었다.

개인이 그려내는 무늬의 아름다움은 눈꽃의 결정이 제각각 아름다움으로 빛나는 것과 다르지 않다. 제 모양으로 빛나는 결정에 우열을 따지거나 도덕적인 잣대를 들이댈 수는 없다.

동료와의 소통 그리고 관계 변화

· 지금까지 한 미술활동은 내게 큰 변화를 주었다. 평소 미술은 다른 아이들에 비해 매우 못하고 지루하기만 했던 나는 미술활동을 통하여 작품으로 내 생각을 표현하고 친구들과 같이 만들며 작품을 소개하는 활동을 함으로써 미술이 재미있어지고 흥미가 생겼다. 앞으로 미술작품들을 알아보고 미술을 잘 했으면 한다.

· 미술시간에 나의 표현을 알리고 재미있게 협동하여 만드니 작품이 더 빛나는 것 같고 친구들과의 사이도 좋아졌다. 미술시간은 내 자신감과 용기를 키워주었다.

· 생각하는 능력이 늘어난 것, 세상을 더 넓게 바라보고 이해할 수 있게 되었고 내 주장도 존중해줘야 한다고 생각하지만 남도 존중해줘야겠다고 생각하게 되었다.

내 옆에 있는 이는 내가 밖으로, 다른 세상으로 나갈 수 있는 통로다.

미술 수행평가? 다시 말해서 부담스러운 것

· 미술은 나에게 사회 수행평가를 못하게 했고 나에게 아주 큰 스트레스를 주었다.

· 중학생 수준에서 너무 어려웠다. 내가 대학생이 된 것 같았다. 너무 어려워서 어떻게 해야 할지 모르겠었다. 진짜 내가 미술 전공이 된 줄 알았다. 다음엔 쉬운 걸로 했으면 좋겠다.

· 지금까지는 내 모습을 그리거나 어떤 그림을 주면 그 그림을 베끼는 것을 하라고 했지만 3학년 올라와서 한 것은 정해진 것을 하는 것이 아니고 상상력을 요구하는 것이 많아서 너무 힘들었다. 다음에는 좀 더 주제가 뚜렷해서 그림을 그리면 좋겠다.

· 미대에 온 줄 알았다. 약간 내가 미대 간접체험하는 기분이어서 재미도 있었고 새로운 시도도 많이 해봤지만 미술지식, 손재주가 없는 나에게 너무 어렵고 힘든 순간이 꽤 많았다. 처음 영어를 알파벳부터 배운 것이 아니라 관계대명사부터 배운 느낌이다. 좀 쉬운 활동이 있었다면 나에게 더 좋은 성장이 되지 않았을까.

· 다양한 종류의 미술을 체험해 볼 수 있었지만, 범위가 넓다보니 스트레스를 받기도 하였다. 생각보다 잘 안 나와서 실망했을 때도 있었다. 가장 힘들었던 점은 수행평가 기간과 시험준비 기간이 겹치는 것이었다.

· 시험 준비기간에 수행평가가 있었던 건 싫었다. 수행평가에 대한 부담감을 주었다. 기간이 오래 걸리는 수행평가는 시험 한 달 전에 다 끝냈으면 좋겠다. 옛날에는 미술이 좋았는데 이것저것 시험기간과 겹치고 만들기 힘들다보니 흥미가 떨어졌다.

· 더 힘들게 옥죄이는 것 같다. 하지만 그런 것 덕에 인생의 쓴맛을 하나 더 느낀 것 같다.

· 미술은 나에게 불안감과 스트레스를 주었다.

아이들에게 수업 과정에서 자신에게 일어난 일을 표현하게 할 기회를 갖게 하지 않았다면 아이들 내면에 어떤 변화들이 일어나고 있는지 어떻게 힘들어 하는지 확인하기 어려웠을 것이다. 이들의 요구를 속속들이 알아차려야 하는데 교사로서 나는 이들을 헤아리는 센스가 무디고 고집이 센 것 같다. 수준별이라는 이름으로 수업을 되돌아보아야 하겠고 수행평가 시점에 대해 아이들과 협의를 해보아야 할 것 같다.

음식으로 명화 만들기, 도전!

음식으로 명화 만들기

음식으로 명화 만들기를 하게 된 이유는 간단하다. '즐겁게' 하고 싶었다. 아이들도 나도. 수업하는 아이들이 행복한 휴식을 맛보게 하고 싶었다. 더 말하라고 한다면 작품이라는 것은 쉽고 친근할 수 있다는 것을 느끼게 하고 싶었다.

수업을 해본 결과 생각보다 더 큰 효과를 얻었다. 위에 나열된 효과를 얻고도 미술시간을 기대하고 좋아하는 아이도 생겼고 재료의 사용과 표현에 대한 고정관념을 한방에 날려버릴 수도 있었다. 무엇보다 큰 것은 나의 만족이었다.

음식으로 명화 만들기는 다음과 같은 과정으로 진행했다.

각자 준비한 식재료들을 함께 사용하고 각자 1개의 접시 위에 1점의 명화를 완성하는 것이다. 가만 생각해보면 거창한 논리들의 주입이 아닌 감각적인 활동의 조합이었다.

먼저 음식으로 명화 만들기를 위해 모둠별로 역할분담이 이루어진다.

- 1인당 개인 접시 1개씩

- 음식 나누어서 가져오기 예) 캐첩, 식빵, 색깔 초콜릿, 브로콜리, 파프리카, 햄, 라면, 고기

- 청소와 분리수거

- 책상과 의자 닦기 및 정리

- 휴대폰을 준비하여 사진 찍고 홈피에 올리기

- 설거지하기

'명화 만들기' 완성 후에 해야 할 일도 미리 말해두었다. 그렇지 않으면 식욕이 창궐하여 지극히 단순하게 왜곡된 낙서예술을 보게 될 수 있기 때문이다.

- 1작품 당 사진 두 장씩 찍기

- 모둠별로 작품 모아놓고 두 장씩 찍기

- 함께 나누며 시식

- 역할분담별로 설거지, 청소, 쓰레기 분리수거

- 학교 홈피 과제방에 모둠별 반 번 이름 제목 기입 후 사진 업로드

- 함께 감상하며 자기평가 및 동료평가

일반 중학교의 미술실이라는 여건을 고려할 때 음식으로 명화 만들기를 하기 위한 접시나 음식 재료는 개인이 준비해야 한다. 한 개인이 필요한 모든 준비를 하기에는 냉장고를 옮겨와야 할지도 모르므로 자연스럽게 모둠을 짜게 되고 그 모둠 안에서 사용하게 될 여러 가지 음식 재료들을 나누어서 준비해 가지고 오기로 했다. 또 부차적으로 음식물 쓰레기 담당, 사진 담당과 홈피에 사진 올리기, 싱크대처럼 사용된 책상 닦기, 행주 및 걸레 빨

아 널기, 바닥 닦기 등 역할분담 형식이 된다. 여학생과 남학생의 기질적인 차이가 있으므로 남녀의 성비도 고려해야 한다. 모두 그런 것은 아니지만 남학생들로만 구성될 경우에는 준비물도 단순하고 그에 따라서 결과물도 단순한 경우가 있기 때문이다.

그렇게 준비가 모두 끝나고 나면 각자가 만들려고 준비한 명화가 있고 이미 역할 분담이 되어 있으므로 교사가 이래라 저래라 할 것도 없이 왁자지껄 본격적인 수업이 시작된다. 준비만 잘 되었다면 왜 진즉 이런 수업을 할 생각을 하지 못 했나 할 정도로 수업에 집중하지 않는 학생이 거의 없다.

아이들의 준비물은 김치부터, 컵라면, 짜장 즉석면, 식빵, 파프리카, 여러 가지 형태의 초콜릿과 과자, 방울토마토, 캔디, 젤리, 야채, 잼, 치즈, 베이컨, 고기, 소시지, 식용색소, 케첩, 튜브형 크림, 햄, 브로콜리, 고추, 시금치, 상추 등 매우 다양하다.

모둠별로 자리에 앉아서 차분하고 조용한 가운데 시작하라고 했건만 재강조할 틈도 없이 활발하게 움직이며 수업이 시작된다. 모둠원이 모여서 서로의 준비물을 내놓고 자기가 표현할 명화에 적합한 재료를 찾아내느라 분주하다. 미술실에 아이들이 수업에 열중하는 행동과 말들로 가득하다.

접시도 없이 누구것인지도 모르는 검은 봉지 위에 대충 끝내버린 빠른 친구들은 벌써 다른 모둠을 돌아다니며 음식물 섭취에 여념이 없다.

불친절하게도 나는 거기에 찬물을 끼얹는다.

"모둠원이 모두 끝나고 나면 개인작품 사진 2점씩 사진 찍고 전체작품 모아놓고 2번 찍은 후에 다함께 시식하도록 해요. 그리고 함께 치워요."

그런 와중에도 한쪽에서 조용히 앉아있는 조그만 아이가 있다. 모두들 소란하게 왔다 갔다 하는 통에 그 아이가 눈에 잘 띄지 않았다. 왜 그냥 앉아 있냐고 물으니 준비물이 없다고 했다. 사정을 알고 보니 그 모둠에 수업 준비를 위한 단체 카톡방이 있는데 거기에서 사전 대화를 나누며 각자의 준비물을 지정했노라고 했다. 그런데 그 아이는 어떤 이유에서인지 그 톡을 보지 못했던 것이다. 모둠의 상태를 보니 준비물은 넉넉하여 얼마든지 함께 쓸 수 있는 상황이었다.

"넉넉하니 함께 써도 될 것 같은데 함께 쓰면 안 될까?"

"네 그래도 돼요."

모둠원들이 선뜻 말했다

그런데 준비하지 않은 아이가 함께 하지 않겠다고 거부했다. 그 아이에게 도달하지 않은 단체 톡 때문이다.

나는 모둠원에게 다시 말했다.

"함께 하지는 않았지만 먹을 때는 함께 먹을 거죠?"

모둠원들은 "네"라고 답했다.

그 아이는 수업이 종료될 때까지 자기 자리에 앉아서 미동도 하지 않았다. 아무리 재미있는 수업이라도 동료로부터 소외되었음에 대한 섭섭함은 달랠 수 없는 모양이다. 해당 모둠 아이들은 톡을 보냈다고 한다. 그런데 그 아이는 보지 못한 것이다. 톡을 확인해 보자고 할 수도 없는데 어찌된 일일까? 전화번호가 잘 입력되었는지 한번 더 확인해보고 활발한 다섯 명이 한 사람을 포용하는 따뜻함에 기대어보는 수밖에.

절규하는 나, 뭉크는 내 친구

'교과서에 등장하는 그림만'이라는 말로 한정하지 않았음에도 아이들이 음식으로 표현한 명화의 종류는 대개 교과서에 등장하는 그림들로 한정된다. 아이들이 "명화가 뭐에요?"라고 나에게 물었을 때 "교과서에 나오는 유명한 사람들의 그림이나 작품들"이라는 말이 각인된 모양이다.

그 때문인지 아이들에게 선택된 명화는 레오나르도 다빈치의 '모나리자', 몬드리안의 '적·청·황·흑의 구성', 고흐의 '해바라기와 꽃병', '별이 빛나는 밤', 뭉크의 '절규', 베르메르의 '진주 귀고리를 한 소녀', 엔디워홀의 '마를린 먼로', 키스헤링의 작품들이 많았다.

그 중에서도 가장 많이 선택된 그림은 단연 뭉크의 그림이다.

조금은 의아한 생각이 들었다. 티끌 없는 외모만큼이나 맑을 것만 같았는데 아이들은 어떤 생각을 하고 있기에 뭉크의 그림을 선택한 것일까?

최근 몇 년 동안 해왔던 감상 수업에서 아이들이 가장 민감하게 반응했던 그림이 뭉크의 그림들이었다는 게 문득 생각났다. 많은 그림들 중에서도 아이들은 왜 뭉크의 그림에 나오는 표정을 따라하고 집중해서 바라보았는지 당시에도 의문이 일었다.

음식으로 명화 만들기 아이들의 작품 "뭉크의 절규"

　아이들은 무엇 때문에 '절규'라는 그림의 이미지를 자신의 감정에 오버랩 시키는 것일까?

　'너의 이야기를 해봐'라는 수업을 학년 초에 시행한 적이 있다. 아이들은 "자유롭고 싶습니다", "시험의 억압에서 빨리 벗어나고 싶습니다", "영어, 수학 점수와 학원 억압으로부터 벗어나고 싶습니다", "자유롭게 여행하고 싶습니다", "내가 원하는 대로 게임을 하고 싶습니다", "제가 하고 싶은 일을 하고 싶습니다"라는 표현이 많았다.

　이런 말들을 쏟아냈지만 결론은 "지금은 힘들지만 미래를 위해서 학원을 가야 하고 늦게까지 공부를 해야 합니다"로 스스로 결론짓곤 했다. "미래가 아니라도 참고 해야 합니다. 왜냐하면 엄마가 나를 가만 두지 않을 테니까요"라고 말하는 아이도 있었다. 또 다른 이유로는 친구들로부터 왕따가 될까봐, 새 학년에 들어서서 학교나 동료들에 잘 적응하지 못할까봐 두려워하는 자신의 모습을 묘사한 아이들도 있었다.

어른들이 그려준 미래의 자신과 현재의 조건에 매인 자신의 세계를 연결하지 못하고 심리적인 크레바스에라도 빠진 것일까? 아이들은 그 지점에서 자신감을 잃고 두려워하고 있는 것 같았다. 또 자신이 속한 집단에서 떨어져 나가 혼자가 될까봐 내심 불안에 떨고 있었다.

아이들은 뭉크가 그린 〈절규〉라는 그림 속에서 스스로 극복해 가기에는 너무도 벅차고 힘겨운 자신의 모습을 보게 된 것이다.

즐겁게 웃고 떠들고 함께 먹으면서 나름대로 선택한 명화를 만들어 내지만 막연하게 '답답하다'. '불안하다'부터 시작된 생각이 절망과 분노의 길을 따라가다가 자신의 내면에 웅크리고 있던 절규와 마주하게 된 것이다. 자신의 갈망과 현재 상태가 동떨어져 있을 때 거기에서 야기되는 불안과 결핍을 바라본 것이다. 그리고 무언가를 채워 넣으려고 하면서 생각하기 시작한다.

'뭉크도 우리처럼 뭔가에 절망을 느꼈구나.'

자신과 동일한 심정을 훨씬 이전에 느꼈던 뭉크를 만나는 것은 말하기 어려운 아픔을 함께 느끼는 동지를 만나는 것과 같다. 그리고 한번도 터놓고 말해본 적이 없지만 알고 보니 나와 같은 생각을 가진 옆 친구들과도 알게 되고 소통하게 된다. 이런 과정을 통해서 또 다른 사람들을 만나는 일은 자신이 느끼는 고통이 혼자만의 문제가 아니었다는 것을 아는 새로운 경험이 된다.

만약, 내면적인 불안이나 분노에 찬 아이들이 뭉크와 같은 친구를 만날 수 없었다면, 자신도 알지 못하는 사이에 뿌리를 알 수 없는 분노 속에서 오랫동안 고립되고 억압된 채로 자기 자신을 방치해 두었더라면 어떻게 되었을까? 자신에게나 타인에게나 더 큰 고통이 될 수 있음을 어렵지 않게 예상할 수 있다.

분노가 누적될 때는 출구를 찾아 분출되는 용암과 같은 성질이 있다. 그리고 분노를 분출하기 위한 표적은 누구나가 될 수 있다. 분노는 주변에 쉽게 전이되기도 한다.

뭉크의 작품 〈절규〉와의 만남이 아이들 자신의 고통과 분노를 바라보는 계기가 되고, 같은 것을 함께 느끼는 동지로서 서로의 등을 토닥여주는 시간이 되었으면 좋겠다.

건강하고 행복한 아이들

　아이들의 생활이 건조한 부분이 있기는 하지만 암울한 절망만을 느끼는 것은 아니다. 현재의 자신에 대하여 만족하며 자신감있게 생활하는 아이들도 많다. 건강하고 행복한 아이들이다.

　그 중에는 늦게까지 학원에 다니고 휴식시간도 많지 않지만 자신의 현실을 긍정적으로 이끌어 가는 아이가 있는가 하면 아주 드물긴 해도 학원에 다니지 않고 시간을 자기 마음대로 쓰는 아이들도 있다. 다른 사람들에게 봉사하며 살겠다고 말하는 비단결 같은 마음과 편안한 표정을 가진 아이도 그중에 하나다.

　공부를 잘하지 않아도 행복한 아이는 얼마든지 있다. 단순명료하며 자심감이 있고 자기 의견도 거침없이 내민다. 그 아이들은 친구들과도 즐겁게 지낸다. 그 아이들의 작품은 어쩐지 보기만 해도 행복하고 웃음이 난다.

　음식 재료들로 명화를 만드는 수업은 남, 여를 불문하고 거의 모든 아이들이 좋아했던 수업이다. 그럴 수밖에 없는 것이 "과연, 그림을 음식으로 만들 수 있어?"라는 의문으로 문을 연 수업에 생생한 식재료들이 아이들의 오감을 자극하고 신체를 만족시켰기 때문이다. 뿐만 아니라 자신이 만들어낼

음식으로 명화 만들기 아이들의 작품

명화를 선택하고 명화에 대하여 생각해 보았으며 그 명화를 친구들과 함께 만들어보는 사이 친구관계에 대한 만족도 한몫했을 것이다.

생각해 보라. 자신이 고른 식재료로 친구들과 함께 즐겁게 명화를 만들면서 서로 친해지고 맛있게 먹기까지의 과정에서 행복호르몬이 분비되지 않는 것이 어쩌면 이상한 일일 것이다. 그것도 학교 수업시간에 말이다. 많은 아이들이 이 수업에서 "새롭다, 재미있다, 행복하다, 스트레스가 해소되었다, 새로운 눈으로 일상 사물을 보게 되었고 고정관념을 깰 수 있을 것 같다"

고 표현했다.

　그것이 소소한 것일지라도 무엇인가를 하면서 동시에 만족스러워 하는 것은 누구나 바라는 삶의 순간일 것이다.

피노키오 프로젝트

푸른 요정의 힘

내가 아주 어릴 때 아버지는 대부분의 시간을 라디오 듣는 데 보내셨다. 퇴침을 베고 모로 누워 팔짱을 끼고 눈을 감은 채 라디오를 들으셨다. 때로는 코를 골며 주무시는 듯해서 누군가 라디오를 끄기라도 하면 듣고 있었다는 듯이 곧바로 다시 켜시곤 했다. 그런 기억과 함께 떠오르는 것은 당시 라디오라는 것에 대해 내가 가졌던 의문이다.

어린 나에게 라디오는 신기한 물건이었다. 어떻게 소리가 나는 것일까? '아주 작은 사람들이 네모난 박스 속에 들어가서 소리를 내고 있는 거다', '그 속에서 생활하면서 일어나는 일일 것'이라고 내심 생각하곤 했다. 그렇지 않고서는 문 여닫는 소리, 먹는 소리, 말 달리는 소리, 구두 발자국 소리, 물소리가 나고 취한 사람, 달리는 사람, 웃는 사람들의 소리가 그대로 들릴 수 없는 것이다.

그런 추정을 사실로 확인하기 위해서는 라디오를 뜯어보는 수밖에는 없었다. 그러나 그렇게 하지는 못했다. 어떻게 그렇게 신기하고 귀한 물건을 뜯어 볼 수 있겠는가? 더구나 아버지의 전용 물품인데 그럴 수는 없는 일이었다.

라디오 속에 들어가 볼 수 없어서 얼굴이나 생김새는 알 수 없지만 소리로 들려주는 느낌과 분위기는 잡음 하나 발생하지 않는 시골 방안의 공기를 모두 흡수해버리곤 했다. 라디오에서 나오는 이야기가 즐거우면 즐거운 대로, 진지하면 진지한 대로 슬프면 슬픈 대로 방안에 있는 어떤 것도 그것을 거스르지 않았다. 이쯤 되면 라디오 속 소인국을 떠올리지 않을 수 없었다.

라디오 속 세상에 대해서 그런 생각을 하면서도 밖으로 표현하여 누구에게도 물어볼 생각은 하지 않았다.

그렇게 라디오를 통해 다른 세상과 만나다가 어느 날 갑자기 긴 다리가 네 개 달린 네모난 큰 박스가 시골집 마루 위에 떡하니 들어앉았다. 그것은 너무나 세련되고도 권위적이고 뭔가 대단한 것이었다. 네모난 화면 안에서 '김일'이라는 레슬링 선수가 이름이 길고 복잡했던 것으로 기억되는 외국인 선수와 한 판 격하게 엉겨 있다. 옷도 다 입지 않고 저렇게 거대한 몸으로 서로를 때리고 치다가 금방 죽지 싶었다. 팔로 가격하고 다리를 꺾고 온몸으로 누르고 급기야는 머리로 당해낸다. 그럴 때마다 마당에 모여 앉은 동네 사람들의 입에서는 아쉬운 탄식과 응원이 터져 나온다.

"어유~."
"어?"
"아이고메 어쩐다냐."
"와~ 박치기, 박치기……."

해가 지고 밤이 되었어도 집에 갈 생각들은 안 하고 레슬링 관람에 흠뻑 빠져 있다. 그때도 아직은 어린 나이라서 TV상자 속에는 라디오보다는 조금 큰 사람들이 들어있겠거니, 라는 생각을 했던 것 같다. 그리고는 더 이상 의문이 진행되지 않았다. 얼마 지나지 않아서 TV시청은 누구나의 집에서 벌어지는 일상이 되어 버렸기 때문이다.

그 후 세월이 제법 지났을까? 어느 날 갑자기 교무실에서 선택적 검색어로 접하기 시작한 네모난 화면 안에는 '저 너머의 세계에는 놀랍도록 다르고 많은 것들이 있다는 것'을 알려주기 시작했다. 그것은 소인국을 상상해 보는 느낌과는 다른 엄청난 행성 하나가 내 주변으로 다가오는 느낌이었다. 그리고 그것은 얼마 지나지 않아 더욱 방대해져서 일상으로 들어왔다. 더욱 빠르고, 편리하고, 재미있고, 놀랍게 그리고 더욱 간편하게 손 안에서 터치만 하면 거의 모든 것을 해나갈 수 있는 환경으로 변모되었다.

지금 우리는 인터넷의 방대한 데이터를 공유하고 또 통신으로 지구상의 어떤 사람들과도 상호 소통하며 살아가고 있다. 이제는 디지털 세계가 없으면 일상이 불가능해질 정도로 필수적인 세계가 되어버린 것이다. 우리는 지구상의 시민이기도 하지만 동시에 디지털 세계의 시민으로서 살아가고 있다고 해도 무리가 없다.

가까운 미래에 4차산업은 더욱 발전할 것이고 AI(인공지능)은 일반화될 것이라고 한다. 그렇게 되면 AI와 인간은 공존하게 되는 것이다. 디지털 세계의 인간 시민으로서 사회적, 개인적 삶의 가능성은 어디까지인지 아직은 모두 알 수 없다. 확실한 것은 어떤 개인이든 개인이 원하고 조금만 노력을 기울인다면 네모난 화면 안에 작은 소인이 되어 'WWW' 세계의 주인공으로 등장할 수 있다는 것이다. 전체 중의 하나로 또 특정한 영역 전체를 나의 소인국으로 만들 수 있는 상상이 현실이 된 것이다.

이제 활용하기에 따라서는 네모난 박스가 내가 심은 나무로 가득찬 나의 정원이고 내가 좋아하는 캐릭터들로 채워진 나의 놀이터이며 나에게 필요한 것들로 채워진 안식처가 될 수 있음을 완전하게 부인하기는 어렵다.

지금의 아이들은 이런 세상에서 태어났다. 그리고 누구나 피노키오에게 생명을 주었던 푸른 요정이 될 수 있는 디지털 환경에 둘러싸여 있다.

디지털키즈들의 영리한 스마트기기 활용법

학교에서 아이들의 일과는 빈틈없이 바쁘다. 방과후에 개인적인 일과도 여전히 바쁨의 연속이다. 학교를 마치고 학원에 도착하기 전까지도 바쁘다. 학교에서 채우지 못한 (SNS, 게임 등에 대한) 갈증을 채워야 하기 때문이다. 종례가 끝나고 학원에 가기 전까지 짧은 자유시간에 손터치 몇 번으로 이 세계에 접촉이 가능하다. 환상적인 세계에 당장 들어설 수 있는 편리함이 아이들을 다른 세계로 더욱 바짝 끌어들인다. 그 세계를 한번 맛보게 되면 스스로 하는 상상은 멈춰 버리고 어느 때든 좀 더 자극적인 세계로 빨려 들어가고 만다. 그 세계는 생각과 상상의 에너지를 학습으로 소모해버린 아이들의 놀이터다. 수업시간 중에도 교사 몰래 게임이나 SNS를 하는 경우도 있다. 놀거리와 볼거리가 많은 학교축제에서조차 축제의 장을 즐기기보다는 손에 들고 있는 게임에 열중하는 아이는 얼마든지 볼 수 있다. 그 아이들은 몸을 움직이려고도, 다른 것에 대해 알려고도 하지 않는다.

전세계 IT 메카라고 불리는 실리콘밸리 임원들의 자녀교육은 어떤가?

실리콘밸리의 거물들은 디지털 매체의 사용자가 자녀일 때와 일반소비자들일 때 사용 연령이나 사용 방법을 다르게 구분하여 적용한다. 사용자가 자녀일 때는 디지털 기기를 능동적인 사용과 제어자, 조정자의 시각으로 접근해서 디지털 기기에 최대한 늦게 접촉하도록 조치한다. 조정과 제어를 위해서 디지털기기를 어떻게 사용해야 하는가를 교육하는 '디지털 리터러시' 과목을 먼저 가르친 후에 사용하도록 하는 것이다.

그러나 일반 사용자는 이윤을 만들어내는 대상인 소비자로 기능한다. 가능한 더 어린 연령 더 많은 사람들에게 사용되도록 유도하는 것이다.

실리콘밸리의 첨단 IT기업에서 일하는 임원과 전문가들일수록 자기 자녀는 최대한 컴퓨터와 스마트폰 같은 디지털 기기에서 멀리 떨어뜨려 키우고 있다는 사실을 알 수 있었습니다. 실리콘밸리 IT기업에서 일하는 임원과 전문가들은 아이가 열두 살이 되기 전까지 컴퓨터와 스마트폰 등 디지털 기기를 사용하지 못하고 이에 대해서 가르치지도 않는 학교에 보내는 경우가 많다고 합니다.

발도르프 교육이라고 불리는 대안 교육의 한 형태인데요, 발도르프 학교들은 교육이란 사람과 사람 사이에 이뤄지는 것이지 사람과 기계 사이에서 이뤄지는 게 아니라는 교육 철학을 바탕으로 운영되고 있습니다. 일곱 살이 되기 전까지는 주로 몸을 건강하게 만들어주는 신체활동을 하고 초등학생 때는 감성을 길러주기 위한 예술교육을 강조하는 방식입니다.

중학교를 졸업할 때가 돼서야 컴퓨터 등 디지털 기기를 활용하는 방법에 대해서 가르치는데요, 이때도 그냥 활용법만 가르치는 게 아니라 SNS 공간에 올리는 글과 사진이 자신의 미래와 주변에 어떤 영향을 미치는지 '디지털 리터러시' 과목을 먼저 가르친다고 합니다.

-출처: 실리콘밸리 거물들은 자녀를 컴퓨터, 스마트폰 못 쓰는 학교에 보낸다. (작성자 홍선표) 2018. 5. 4.
http://blog.naver.com/PostView.nhn?blogId=rickeygo&logNo=221268260333

정신과 의사 신의진은 우리나라 학생들의 '가짜 성숙'에 대한 우려의 목소리를 내면서 디지털 기기를 사용하기 위한 디지털페어런팅(disital parenting, 디지털 시대의 부모 되기) 교육이 필요하다고 말한다.

TV, 컴퓨터, 스마트폰과 같은 디지털 기기의 강력한 영향력은 아이들의 정서발달과 사회성 발달을 방해해 전두엽 발달에 문제를 일으킨다.
심한 경우 더 충동적인 것, 더 즉각적인 것, 더 화려한 것만 찾게 되는 자극 추구형 뇌, 이른바 '팝콘 브레인(popcorn brain)'이 될 수 있다고 경고한다.
- 출처: 디지털 세상이 아이를 아프게 한다 / 신의진 지음 | 북클라우드

간혹 미술 이론을 알기 위한 주입식 시간에 아이들의 행동은 감당하기 어려울 때가 많다. 내용을 설명하며 수업을 진행하는 중인데도 여러 가지 개인적인 이유로 교실을 배회하거나 사적인 이야기로 떠들어 수업을 방해하기도 한다. 상황에 따라서는 교사에게 비아냥거리기도 한다. 아이들의 그런 태도에 불끈 화를 내면 기꺼이 교사와 한판 해보겠다는 태도를 보이는 아이들도 있다. 하다하다 안 되면 벌점을 주겠다고 으름장을 놓기도 하고 실제로 벌점을 주기도 하지만 역부족이다.

그럴 때면 이론수업 중에라도 유튜브에 올라온 가수 '싸이'의 신곡 뮤직비디오를 열어준다(요즘 같으면 BTS). 그리고 우리나라의 전통적 요소가 담긴 장면이 어떤 것이고 몇 번이나 나오는지 찾아보라는 일종의 퀴즈 놀이를 하던 때도 있었다. 동영상이 나오는 시간만큼은 거짓말처럼 누구도 떠들거나 움직이지 않는다. 동영상이 모두 돌아가고 나면 어김없이 다른 동영상을 틀어 달라고 아우성이다.

아이들이 디지털 매체에 얼마나 집착하는지는 쉬는 시간에만 보아도 알 수 있다. 컴퓨터 매체는 교사의 허락을 받고 사용하라고 교내 규칙으로 정해져 있다. 그런데도 기회만 되면 교실에 비치된 컴퓨터를 켜고 여학생들은 유튜브에 올려진 케이팝이나 걸그룹에 올인한다. 남학생들은 교실 컴퓨터로 게임을 하는 일로 교사와 옥신각신하며 갈등을 겪기도 한다.

옥신각신을 야기하는 범인은 또 있다. 유튜브 애니메이션 동영상이다. 아이들을 자극하는 콘텐츠들이 하늘의 별만큼이나 많다. 아이들은 디지털 세계에 빠져들어 그 속에서 열광한다. 막아서 되는 단계도 아니고 피할 수도 없다.

연일 방송에서는 스마트폰에 대한 부작용을 강조한다. "스마트폰이 켜지는 순간 뇌는 멈춰지고 더 이상 성장하지 않는다. 스마트폰에 방치되면 생각하지 않기 때문에 학업은 물론 대인관계와 일상생활에 심각한 문제가 될 수 있다"고 말한다.

그러나 현실적으로 중등학생들이 디지털세계와 단절되어 살 수 있겠는가? 디지털 세계에서 아이들이 즐기는 일상의 문화는 이미 형성되었고 피해가기 어려운 것이 되었다. 디지털 세대의 아이들은 어떤 시간이든 작은 틈새가 생기면 손안에 든 터치 세상에 망설임 없이 빠져든다.

내가 디지털 세계의 이용에 대해 낙관하거나 열광하기 때문에 피해갈 수 없다고 말하는 것은 아니다. 아이들이 왜 그럴 수밖에 없는가에 대해서 생각해 보고 이미 거스를 수 없는 일상이 되었다면 미술교사로서 나는 어떻게 해야 할까를 고민해 보아야 하기 때문이다. 굳이 BTS를 세계적 그룹으로 올려놓은 아미 군단에 대해 말하지 않더라도 터치 한 번에 열리는 세계의 가능성은 어디로 길을 낼지 알 수 없는 일임을 우리는 알고 있다.

아이들이 디지털기기의 수동적 사용자에서 능동적 활용자로 전환될 수 있을까. 어떻게 하면 아이들이 디지털 세계에 자신을 맡겨버리지 않고 스스로 생각하고 상상하게 될 수 있을까? 미술시간이 아이들에게 어떤 의미를 가져야 하고 어떻게 접근해서 교수·학습해야 하는지에 대해 생각해보지 않을 수 없었다.

디지털기기를 잘 다루는 우리 아이들과 함께 애니메이션 동영상을 만들어보면 어떨까, 생각해보았다.

여러 가지 이유로 어려움이 있다. 먼저 애니메이션 동영상 제작수업을 진행할 경우 많은 수의 아이들에게 동영상 제작이라는 한 분야에 많은 시간을 배분하는 것이 과연 합당한가 하는 문제를 생각해 볼 수 있다. 중요 과목도 아니고 다른 공부하기도 바쁜데 시간을 많이 소비할 필요가 없다는 이유로 혹은 수능과 관련이 없다는 일반적인 인식이 동영상제작 수업을 하는데 심리적인 저지선을 만들어낼 수도 있다. 그리고 무엇보다도 아이들은 스스로 원하지 않은 많은 교육들로 이미 지쳐있는 상태이다. 때문에 수업에 특별한 공을 들이지 않으면 낭패 보기 일쑤다.

하지만 그런 이유로 손을 놓고 있을 수 없는 이유가 있다.

디지털 세계는 사람과 세계를 광범위하게 연결하고 있고 미술적 영역으로서도 이미 거대한 영역이 되어 있기에 물러설 수도 피해갈 수도 없는 현실이 되었다. 꼭 미래에 이 분야의 전공자가 아니라고 해도 전 지구적으로 일반화된 소통 영역으로서 그 영역과 분야는 더욱 확대될 것이고 아이들은 그 세계를 외면하고 살아갈 수 없기 때문이다.

미술수업은 개인의 삶을 표현하는 방법을 터득하고 개인이 속한 집단과 결부될 때 어떻게 집단에 참여하고 표현할 수 있는지 학습할 수 있는 시간이다. 또한 미술수업은 다양한 표현과 체험들을 통해서 자신이 어떻게 변화될 수 있는지, 삶과 세상을 어떻게 누리고 위안을 받을 수 있는지 그 답의 일부를 찾아갈 수 있는 시간이기도 하다.

미술시간에 애니메이션 만들기

　나는 2, 3년 전부터 아이들에게 동영상 제작 수업을 해봐야겠다는 생각을 했다. 뮤직비디오처럼 노래가 시작될 때부터 끝날 때까지 어떤 형태로든 동영상을 제작해 보는 것이다. 물론 곡은 제작자가 직접 선택한다.

　작품의 처음부터 끝까지 동영상 애니메이션으로 모두 채워볼까도 생각해보았다. 그렇지만 해가 갈수록 점점 더 인내심과 지구력을 바탕으로 해야 하는 표현 수업들이 어려워짐을 알고 있는 터라 4분짜리 동영상이라고 한다면 2분은 모둠원들이 직접 출연해서 영상을 채우고 2분은 애니메이션 형태로 혼합해서 제작하자고 제안했다. 물론 전부를 애니메이션 동영상으로 채워도 좋다.

　동영상 제작 수업은 여러 종류의 일이 종합된 작업이라서 복잡하고 시간도 많이 든다. 그래서 혼자서 하기보다는 여러 사람이 함께 꾸려가는 모둠 수업으로 디자인했다. 일주일에 한 시간이나 두 시간밖에 되지 않는 중학교 미술수업에서 동영상 제작 수업을 하는 것은 부담스러울 수도 있었다. 그럼에도 불구하고 나는 동영상 수업을 시작했다. 수업은 아래와 같은 순서로 진행했다.

- 소재찾기

- A4 한 면을 채우는 시나리오 쓰기

- 시나리오로 8칸이나 12칸 만화로 그리기

- 모둠원끼리 서로의 시나리오와 만화를 충분히 읽어본 후 요점적으로 비평쓰기

- 동영상으로 제작될 시나리오 1점 선정하기

- 모둠원의 협의를 통해 주제가 드러나는 동영상 제작에 적합하도록 정정하기

- 선정된 시나리오에 따라 제작을 위한 역할분담 하기

- 캐릭터, 무대, 소품 제작하기

- 시나리오에 따라 장면 찍기(모둠원의 휴대폰을 사용해서 사진 찍기)

- 음악 삽입하며 편집하고 더빙하기-학교 홈피나 유튜브에 올리기

- 올려진 유튜브 열어서 전체 감상하기

대략적으로 세어도 14~17시간 이상 소요될 과정이다. 학년에 따라서 다르지만 주당 1시간이면 한 학기를 예상해야 한다. 모둠원들이 함께 협력하지 않으면 진행이 잘 되지 않는 수업이다. 따라서 학생들의 불만이 많아질 가능성이 매우 높다. 그래서 수행평가라는 유인책을 사용했다.

분절적 수업의 연속이라고 생각하면 못할 것도 없다. 이 안에는 주제와 소재, 평면과 입체, 색채와 형태, 디자인, 건축과 환경적인 요소, 의상, 만화, 감상 등이 동영상 속에 모두 어우러진다. 긴 과정 속에 여러 분야의 소영역을 교육과정에 포함하여 운영할 수 있는 것이다.

서두르지 말고 하나하나 시작하면 관심있는 학생들이 비교적 많은 분야라서 그런지 따라온다. 앱을 작동하여 만들어 내거나 편집하거나 음악을 선택하여 삽입하는 작업들은 가르치지 않아도 놀라울 정도로 훌륭하게 소

화한다. 기술적인 면이 문제가 된 적은 거의 없다. 물론 그중에는 묻어가는 수업으로 생각하여 자신이 해야 할 일을 잘 하지 않고 불만을 내세우는 학생도 있다. 열심히 하는 학생에게는 불만스러운 일이다. 하지만 함께 묻어 성취하면 미안해하기도 하고 불만도 표출하면서 '내 모둠이 해냈어'라는 반쪽짜리 성취감과 모둠원에 대한 미안함을 느끼기도 한다. 모둠원끼리 협동이 잘 되면 어느 수업보다도 성취감과 만족감을 얻을 수 있는 수업이다.

이 수업을 이끈 교사인 나는 당연히 아이들의 비난을 받아내야 한다. '우리가 무슨 대학 수업하는 것도 아니고 너무 어렵다' 또는 '시험공부 하기도 바쁘고 중요 과목도 아닌데 수행평가에 시간을 써야 하니까 짜증난다'고, 또 수업 중간 중간에 친절하지 못한 나의 태도로 인해서 아이들이 상처받았던 마음을 다시 되돌려 받아야 한다.

그런 사실을 알면서도 "너네들이 하고 싶은 것만, 쉽고 편한 것만 하면 뭘 배울 게 있을까?"라고 아이들에게 얄밉게 말하면서 미련하게도 또 다시 그 수업을 진행하려고 마음먹고 있다.

캐릭터가 살아나요

피노키오 동화는 이탈리아의 작가 콜로디의 작품이다. 콜로디는 이야기 안에서 또 다른 창조자를 두었는데 그는 피노키오에게 형체를 부여한 제페토 할아버지와 생명을 준 푸른 요정이다. 그런데 지금 우리가 하려고 하는 '애니메이션 동영상' 제작하기는 콜로디와 같이 이야기를 만들고 이야기들 안에 있는 캐릭터들도 실제 동영상이 될 수 있도록 이미지화해야 한다. 그다음은 디지털 세계 안에서 캐릭터가 살아 움직일 수 있도록 생명력을 부여해야 한다.

피노키오 동화 작가처럼 이야기도 창조하고 제페토 할아버지처럼 이야기의 캐릭터도 실제 그림으로 만들어 내야하며 푸른 요정처럼 캐릭터가 움직이고 말하는 생명력도 줄 수 있어야 하는 것이다.

- 피노키오 동화 작가처럼 이야기도 창조하고(이야기 작가의 역할)
- 제페토 할아버지처럼 이야기의 캐릭터도 만들어 내야 하며(그림 캐릭터 작가)
- 푸른 요정처럼 캐릭터가 움직이고 말하는 생명력, 온라인 확산(디지털 기기 기술 사용자)

콜로디의 힘은 '이야기를 지어내는 능력', '상상하는 능력', '거짓말하는 능력'에서 끝났지만 우리가 하려고 하는 애니메이션 동영상 만들기는 두 가지 과정을 더 거쳐야 한다. 캐릭터를 이미지화하고 기술적인 사용으로 신비한 푸른 요정의 힘을 보태야 하는 것이다. 오늘날 푸른 요정과 같은 힘은 디지털기기를 활용하는 능력으로부터 온다. 그래서 누구나 내 안에 푸른 요정을 살게 할 수 있다.

아이들이 이야기도 직접 만들고 개성을 가진 캐릭터를 형상화한 후 생명력을 주는 역할에 애니메이션 배우로 데뷔시키기까지의 과정을 경험하는 것은 수동적으로 주어지기만 했던 역할 이행으로부터 벗어나 능동적 역할 이행의 경험을 갖게 해준다.

자신이 그린 큰 그림 안에서 작은 과정 하나하나를 스스로 결정하고 제작을 주도하는 가운데 주관적 객체로 살아보기는 물론 사회의 한 일원으로 또, 타인의 입장에서 살아보기까지도 경험할 수 있다. 타인을 이해하고 자신의 상황을 주체적으로 운영하는 입장이라면 디지털 세계의 이윤을 만들어 주는 단순 소비자를 벗어나 자기 제어자, 조정자로 살아갈 수 있을 것이다.

시나리오 만들기: 어떻게, 뭘 써요?

이 수업에서 첫 번째 마주치는 난관이 있다. 어떤 주제를 다루어야 아이들이 모두 몰입하여 참여하면서도 성취감도 느낄 수 있게 할 수 있을지에 대한 문제다.

아이들이 심각하다고 생각하지만 말하지 않거나 말로 할 수 없는 소재를 찾아 발산할 수 있도록 유도해 주어야 한다고 나 스스로 생각에 대한 경계를 긋고 시작되었다. 하지만 과거의 수업 경험으로 비추어 볼 때 그것이 꼭 좋은 소재 찾기 방법인지는 생각해 볼 문제였다. 1년 전에 완성된 애니메이션 동영상들에는, 학교폭력이나 왕따와 같은 학생들이 고민하는 주제 말고도 얼마든지 다양한 주제의 영상들이 등장했기 때문이다. 유머, 동화의 재탄생, 학교, 진로, 친구, 가족, 돈, 학교폭력, 이성, 성적, 가족, 무서운 이야기, 친구, 왕따, 이성교제, 먹방……

아이들이 만든 결과가 보여주는 것은 다양한 주제와 감정이 혼재되어 있었다. 각기 다른 사건과 이야기들이 아이들 개개인에게 다른 비중으로 자리하고 있는 것이다. 그러므로 우선 시나리오의 주제는 개인에게 일어나는 자기 주변 이야기를 선택하도록 하였다.

처음에는 일단 생각나는 이야기를 먼저 쓰라고 했고 그 이야기를 기, 승, 전, 결로 재배치해보자고 말했다. 처음에는 A4 반절 정도 채운다고 생각하며 쓰기로 했다. 당연한 일이겠지만 거기에 이르기까지도 우여곡절이 있다.

아이들에게 시나리오 쓰기 과정을 설명할 때는 나름대로 최선을 다해서 설명하고 있다고 생각하면서 주제 선택부터 시작해서 글 쓰는 순서나 방법을 자세히 말했다.

그러고 나면 아이들은 뭔가 생각하는 듯한 표정이 되어 종이를 한참 바라본다.

'그래, 뭘 써야 할지 생각을 해야겠지'라고 나는 속으로 되뇌인다.

얼마 지나지 않아 "선생님 뭐 써요?" 또는 "선생님 어떻게 쓰는 거예요?"라는 질문이 반드시 따라온다. 이럴 때는 쉽게 풀어 설명할 수 없어서 나도 많이 난감하다. 나 자신이 글쓰기에 대해서 잘 알지도 못하면서 학생들에게는 애니메이션 동영상 제작을 위한 시나리오를 작성하라고 하다니……. 이쯤해선 약간 심리적 오그라듦이 일면서 인터넷의 웹툰 이야기를 하지 않을 수 없다.

"여러분! 웹툰에 등장하는 이야기들 생각해봐요. 특정한 사건을 중심으로 언제 어디서 누가 무엇을 어떻게 왜로 이야기가 전개되잖아요. 그렇게 생각하면서 써보세요."

"일단, 잊혀지지 않는 인상적인 사건 하나를 기억나는 대로 써보는 방법도 있어요. 사실만 쓰라는 것은 아니에요. 상상한 이야기가 삽입되어도 좋습니다."

"뭐야, 국어시간도 아니고 어쩌라는 거야."

궁시렁 궁시렁 소리가 선택적으로 내 귀에 들어오는 것은 어쩔 수 없다. 이럴 때는 국어 과목과 협동수업을 했으면 하는 생각이 간절하다.

우연한 기회에 대안적인 방법을 한번 써보기는 했다. 학교에 마침 시나리오에 관심이 있는 국어과 대학생이 교육봉사를 온 것이다. 학생 수가 많다 보니 교육봉사 학생이 아이들과 직접 마주쳐서 일일이 멘토를 할 수는 없었으므로 아이들이 써온 시나리오를 모아 교육봉사 대학생에게 맡겨주었다. 그러면 교육봉사 대학생이 동영상 제작을 위한 시나리오를 읽은 후 쪽지에 내용이나 형식에 대한 조언을 담은 메모하고 원고에 붙여 주는 식이었다. 그러면 나는 쪽지가 붙은 시나리오를 다시 교실로 가져가서 아이들에게 나누어 주었다. 쪽지에 써있는 조언에 따라 고쳐갈 것인지에 대해 생각해보거나 결정하는 것은 각자의 몫이었다. 이 단계에서 아이들의 반응은 새로운 것이었다.

"이거 선생님이 써주셨어요?"

어떤 이야기든 자신의 이야기를 자세하게 읽어주고 그에 대하여 세심하게 반응해 주었다는 점이 아이들의 마음에 동요를 일으킨 것 같았다. '나에게 이렇게 많은 친절과 관심을 쏟아주다니'라는 표정언어가 환한 얼굴에 그대로 드러났다. (아쉽게도 교육봉사 대학생이 학교에 머무는 시간이 한정되어 모든 아이에게 그렇게 해 줄 수는 없었다.)

나는 못들은 척 확실한 답을 하지 않은 채 얼버무리고 다음 단계를 서둘러 진행했다.

이렇게 시나리오가 작성되면 8~12칸 만화가 되도록 이야기를 재배치하거나 정정하는 시간을 갖는다. 그 다음은 A4용지를 8칸이나 12칸으로 접은 다음 시나리오에 따라 만화를 그리면 된다.

시나리오 작성에 대해 잘 모르는 것을 넘어 한 가지 더 고백해 둘 것이 있다. 나는 휴대폰으로 사진 찍기 이외에는 동영상을 제작하기 위해 사용하는 툴들을 전혀 모를 뿐만 아니라 유튜브에 파일을 올리는 것조차 해본 적이 없다는 사실이다.

만화 그리기: 띵크, 함께 띵크

만화 그리기 과정 또한 만만하지 않다. 시나리오에 따라 이야기가 잘 통하도록 만화를 그리라고 말한 다음 웬만큼 그려졌다 싶을 때 교실을 순회한다. 아니나 다를까 자신이 보아온 웹툰 캐릭터를 그대로 끌어오는 경우가 허다하다. 가장 대표적인 경우는 단연 쫄라맨과 별모양 캐릭터이다. 평소에 '만화를 좀 그린다'고 주변에 정평이 나 있는 아이들은 벌써부터 기존 만화 주인공 흉내에 여념이 없다. '좋다. 원래 모방에서 시작하니까.' 그런데 내 안의 무엇이 그것을 용납하지 않는다.

"여러분, 띵크를 해야죠 띵크를. 잘 그리면 더욱 좋겠지만 잘 그리라고 하지 않습니다. 이야기에 맞는 캐릭터로 탄생시켜야 해요. 여러분이 직접 이야기를 썼으니까 여러분 자신이 캐릭터에 대해서는 가장 잘 알죠. 이야기를 탄생시킨 사람들이 그 이야기에 맞는 캐릭터를 못 그리겠어요? 주인공 캐릭터만큼은 자신이 직접 창조해 보세요. 다른 캐릭터들도 어느 정도 모방은 할 수 있어도 그대로 따라하면 안 됩니다."

아이들 각자가 주인공 캐릭터를 만들어 내기 위해 조금씩은 끙끙댄다. 교실은 진지한 열기를 듬뿍 담고 있다. 벌써 진행되고 있는 아이들의 질문이 이어진다.

"캐릭터는 등장인물에 따라 다 다르게 그려야 해요?"

"캐릭터 다 됐는데요. 만화 그려요?"

"말풍선도 넣어요?"

"배경은 안 그리면 안돼요?"

"색칠도 해요?"

질문 소나기가 한차례 지나간다. 만화가 완성되기까지 진지하게 생각해

가며 하나하나 그려내는 모습이 이쁘다.

만화 그리기가 모두 완성되고 나면 모둠원이 모두 모여서 자신을 제외한 나머지 모둠원들의 시나리오와 만화를 꼼꼼하게 읽는다. 애니메이션 동영상 제작을 위해서 1개 모둠에서 시나리오 1개만 선택되어야 하기 때문이다. 그 과정에서 모둠원끼리 충분한 의사소통이 되도록 해야 한다.

시나리오와 만화가 동영상으로 제작되었을 때를 가정해서 나름대로의 비평을 각각 두 줄 내외로 작성하도록 한다.

위의 과정을 다시 정리하면 모둠원이 6명일 때 자기가 제작한 시나리오와 만화를 제외하고 나머지 5명의 시나리오와 만화에 대해서 비평을 하는 것이다. 1인당 시나리오 1점과 만화 1점이므로 모둠 중에서 '나'를 제외하고 5인으로 치면 1인당 총 10개의 비평을 쓰는 것이다.

자기 주변의 이야기거나 친구의 이야기므로 친근하게 느끼고 관심있게 읽어 비평도 제법 날카롭다. 최종적으로 애니메이션 제작을 염두에 두고 모둠원들의 평이 가장 좋은 시나리오 1점을 선택하도록 한다. 자신의 것이 선택되지 않아서 조금 섭섭해 하는 경우가 있긴 해도 애니메이션으로 만들 만한 작품을 골라내는 데는 토론 끝에 인정된 것이므로 크게 이의가 없다.

선택된 시나리오를 가지고 모둠원들이 모여 다시 한 번 더 시나리오와 만화를 고친다. 그 과정에서 캐릭터를 변경하기도 하는데, 이야기 구조에 따라 주인공 캐릭터는 그대로 두고 등장 인물들을 구성원들의 의지에 따라 새롭게 수정하기도 한다.

더러는 과정 하나하나를 어려워하는 아이도 있고 그 자체에 흥미가 없는 아이들도 있다. 그러나 활발한 활동으로 일관하는 모둠원들은 시나리오를 큰 글씨로 몇 줄 대충 쓰고 퉁치려는 친구나, 하는 척만 하는 친구를 가만 두지 않는다. 시나리오 쓰기와 만화 그리기를 모둠원 모두가 일정수준으로 해내야만 다음 과정이 진행되는 구조라서 그렇다. 모둠원들의 공통과제 부분이 있고 그에 따르는 공통 수행평가라는 조건이다보니 모둠원들이 어떻게든 함께 꾸려 나가려고 애쓴다. 집단의 힘이 긍정적으로 작용하는 때다.

너와 나, 우리의 작품 개봉박두

　살아가면서 필연인지 우연인지 확인할 길 없는 만남의 순간들은 얼마나 중요한가? 아이들에게는 바로 지금 여기 교실 안에서 모둠별 과제수행을 위한 만남의 순간도 그렇게 중요하게 느껴지는 모양이다. 누구와 한 모둠이 되느냐에 따라서 희비가 엇갈리는 모습이 얼굴에 그대로 드러난다. 좀 더 친절하고 똑똑하고 공부를 잘하는 친구가 자신의 모둠이 되기를, 꿍짝이 잘 맞는 친구와 같은 모둠이 되기를 간절하게 바라는 것이다. 번호 순으로 정하든, 남녀를 섞어서 구성하든, 같은 주제의 시나리오로 묶든 꿍짝이 잘 맞는 친구와 한 모둠이 되면 운명이 자기편이라도 된 듯이 기뻐한다.

　나는 아이들의 운명에 개입하는 상관자다. 아이들 각자가 꿍짝이 잘 맞는 친구끼리 모둠을 하겠다고 주장한다. 그렇다고 아이들이 원하는 대로 친한 친구끼리 한 모둠을 구성하기도 곤란한 노릇이다. 소외되는 아이들과 소극적인 아이들, 무기력한 아이들, 산만한 아이들, '갑질'에 능한 아이들이 있기 때문이다. 그런데 이런 아이들을 움직이게 하는 힘이 교사보다는 동료나 친구나 이성에게 나오는 경우가 많다. 그러므로 담임교사나 실장, 부실장의 귀띔을 참고하여 최적의 모둠원으로 구성되면 과제를 수행할 때 즐거움은 배가되고 애니메이션 동영상 제작의 성공 가능성도 높아지며 끝까지 완성해 낼 수도 있다.

최적의 모둠으로 구성했다고 해도 늘 생각대로 잘 되는 것은 아니다. 아무래도 자기 특성만을 고집하거나 자기가 하고 싶은 대로만 하려고 하는 아이들도 있다. 교사인 나는 그것을 풀어서 중재하는 데만도 많은 에너지를 소모해야 하고 결국에는 갈등으로 이어지고 마는 경우도 있다.

과제 수행을 목적으로 둔 조건적 만남이니 백퍼센트 만족을 위해선 적극적인 참여라는 주재료와 적절한 역할 분담이라는 부재료가 있어야 한다. 모둠 수행 과정에서 가장 중요한 것은 뻔한 잔소리지만 모둠원 간 소통과 이해, 배려, 봉사정신이 기반되어야 함을 강조한다. 역할분담과 과제수행의 시간 안배 등도 모둠원 간 합리적인 협의에 의해 이루어져야 한다.

역할분담 목록들

- 총감독

- 시나리오 감독

- 미술 감독

- 음악 감독

- 기술 감독

- 등장 캐릭터들 재정립하기

- 배경 만들기(활동 장소)

- 만들기 재료 준비하기

- 등장 캐릭터들 만들기(움직임도 생각해야 하니 어떤 재료로 제작할 것인가도 생각)

- 장면마다 캐릭터 동작 조정해주기

- 휴대폰 2대 준비하여 사진 찍기

- 사용될 컴퓨터와 모둠 과제 파일 관리하기

- 동영상 제작을 위한 앱 다운받아 편집, 재편집하기

- 더빙하기

- 주제에 맞는 음악 선정하기

- 피드백하기

- 홈피나 유튜브 형식에 맞추어 인터넷에 파일 올리기

- 미술시간 외 제작 시간이 더 필요하다면 시간 약속과 일정 짜기

　각 모둠마다 휴대폰 2대와 컴퓨터 1대가 필요하고 제작과정은 생각보다 많은 시간이 든다. 긴 프로젝트 내내 많은 아이들이 계획에 잘 따르고 주도적으로 과제를 수행해 간다. 동료 간에도 무리 없이 제법 진지하고 재미있게 과제를 수행해 가는 순간들을 볼 때면 교사로서 '세상에 무엇이 더 부러우랴'하는 생각이 든다.

　그러나 그런 생각은 예상하지 못한 일로 언제든지 깨질 수 있다. 진행 중간에 시험 준비 기간이 있을 때는 예상하지 못한 갈등이 빚어지기도 하는 것이다. 예컨대 공부를 하는 아이든 안 하는 아이든 시험 스트레스로 인해 과열된 몸과 마음이 모든 것을 거부하고 출처를 알 수 없는 반항으로 이어진다. 미술 수행 과제 도구로 쥐어진 휴대폰과 컴퓨터를 게임과 걸그룹의 노래와 춤을 즐기는 도구로 삼거나 카톡에 한눈을 팔다가 심각한 갈등을 빚기도 했다. 교사의 지적을 얼른 인정하고 행동을 정정하면 될 것을 학생이 앞뒤를 가리지 않고 교사와 한 판 붙어보겠다고 작정할 때는 교사에게도 긴 호흡이 필요하다. 웬만한 내공이 아니면 후유증이 심각해진다. 상황

을 반전시킬 수 있는 획기적인 유머나 촌철살인이 꼭 필요한 순간이다.

애니메이션 동영상을 나름대로 완성하고 학교홈피나 유튜브에 올린 후 자신들의 작품이 교실의 모든 학생에게 처음 열리는 순간은 아무리 간 큰 중학생이라도 설렘과 떨림을 감추지 못한다. 간혹 수줍어하는 학생들도 있다. 평소에는 말이 없고 다른 아이들과 잘 어울리지도 않는 아이가 자신이 만든 동영상을 다른 친구들이 보고 감탄할 때는 성취감과 자신감이 차오르는 것을 느끼기도 한다.

자신이 만든 분신의 모습을 다른 사람과 함께 지켜보는 것의 힘은 막강하다. 내가 할 수 있을까, 하는 의심과 함께 시작된 과제였는데 동료와 함께 협조해서 완성해낼 수 있었을 뿐만 아니라 자기 손으로 만든 작품이 인터넷에 올려졌다는 사실만으로도 뿌듯해 한다.

잘 만들어진 작품이든 조금 미숙한 작품이든 어떤 작품이라도 모든 아이들이 집중하고 주시하는 상황에서 자신들의 작품이 방영될 때는 자기가 만들었지만 스스로도 신기하다는 표정으로 지켜본다. 모둠원과 함께 활동했던 기억과 함께 '아, 나도 무언가를 할 수 있고 해낼 수 있구나', 불가능할 것 같았지만 '함께 협동해서 이루어 냈구나'를 깨우치는 순간이다. 자신 안에 피노키오에게 생명을 부여해 준 것과 같은 능력을 보는 것이다.

유튜브나 학교 홈피에 작품이 올라오고 방영이 된 후 서로 자극제가 되어 완성에 이르게 하기도 했고 마음에 들지 않는 부분은 다시 찍어 편집하는 모습도 보였다. 비교하고 판단하는 점의 부작용보다는 같은 또래, 나의 옆 친구들의 생각과 행동, 가치가 드러나는 이야기들의 다양성을 체험할 수 있는 기회가 되기도 했다.

학급에서 아예 겉돌면서 포기한 사람처럼 행동하던 아이도 그 시간만큼은 호기심을 가지고 영상을 지켜본다. 각 학급 당 대여섯 개의 모둠이 제작한 애니메이션 동영상 감상이 모두 끝나고 나면 다른 학급 것도 감상해보자고 조르기도 한다.

1, 2분 정도의 시간 안에 전개되는 이야기나 캐릭터의 움직임이 대개는 부자연스럽고 때로는 엉뚱한 이야기가 끼어들기도 하며 배경도 엉성하다. 그렇지만 누구도 그 부분이 잘못 되었다고 지적하거나 비난하지 않았다. 장면이 모두 돌아가고 나면 자신들의 작품이 어디가 어떠한지 모두가 스스로 안다. 잘 만든 부분은 모두가 감탄하고 엉뚱한 장면이 나오면 모두 웃는다.

각기 다른 이야기들을 끌어오긴 했지만 만드는 과정에서 비슷한 어려움과 즐거움을 느꼈고 처음에는 못 해낼 것 같은 어려운 과정을 함께 해서 결과물도 나왔다. 아이들 모두에게 너무 똑똑하고 대견하다고 말해주었다.

다음은 동료평가가 이루어진다. 애니메이션 동영상 제작 전 과정에 함께 참여했던 모둠원이 서로를 평가하게 된다.

교사로서 아이들이 자신의 동료들을 평가하게 하는 활동은 신중하게 디자인해야 한다. 좋든 싫든 친구들을 판단하게 되고 그 결과를 성적으로 수치화하기 때문이다. 친구를 평가해야 하고 자신도 동료들에게 평가를 받는다는 점에 대해서 부담을 느끼기도 한다. 그러나 한편으로는 평가의 권한이 주어질 때 평가자가 되기도 하고 평가를 받기도 하므로 서로의 입장에서 생각하게 되는 계기가 된다. 과정 하나, 하나를 함께 했던 타인의 행동을 통해서 자신을 되돌아보게 되는 것이다. 그래서 동료평가가 이루어지기 전에 동료평가에 대한 취지를 정확하게 설명해주고 이해를 충분히 구한 후에 공정하게 실행해 달라고 요청해야 한다. 그렇지 않을 경우에는 친하다고, 주먹이 세다고, 소외됨이 무서워서, 대가가 있으니까, 라는 이유로 실제와는 다른 평가를 하게 되는 부작용을 피해가기 어렵다.

최종 평가에 이르기 전에 평가방법을 예고하고 평가의 험난한 과정을 잘 극복하고도 공통 과제 수행의 허점은 다른 데 있었다. 수업 과정 내내 열심히 최선을 다한 두세 명의 친구가 불성실하거나 의욕없는 다른 한두 명의 모둠원으로 인하여 공통수행 점수가 깎일 때는 친절과 적극의 이면이 금세 드러난다. 단 1, 2점이 차감됨에 대하여 자신은 한 치도 손해 볼 수 없다는 논리를 펴고 나를 바라보는 눈빛이 순식간에 적색으로 변모한다. 의욕과 수준이 다른 친구들이 함께 모여 공통 과제를 수행하지만 공통 과제가 개인적인 성과로 수렴될 때, 공통 과제 점수가 자신의 점수에 영향을 미치게 된다면 그것은 디자인이 잘못된 수업일까? 시간을 두고 좀 더 고민해볼 일이다.

학교에서는 교과별 평가 규정에 평가의 목적, 단원, 기간, 평가방법, 평가 비율 등을 명시한다. 평가규정에 상세규정이 없는 경우에는 교과협의회를 활용하도록 되어 있다.

교과협의회를 통해 평가의 객관성과 공정성을 확보한다. 해당 수업이 시작되기 전에 아이들에게 수행평가는 어떻게 이루어지는지 상세하게 설명하고 이해시킨 후 수업을 진행한다. 이러한 과정을 거치는 것이 부작용을 줄일 수 있는 적확한 과정이다.

통상적인 평가 매뉴얼을 그대로 따른다면 십중팔구 문제는 발생하지 않을 것이다. 그럼에도 불구하고 내용이든 형식이든 그때그때 상황에 따라 변화하는 수업이라면 약간의 논란이 뒤따를 수 있다. 아이들의 정서에 따라서 계절이나 재료 공급의 상황에 따라서 학년에 따라서 교육과정을 즉흥적으로 재구성하고 수업이 진행될 때가 그렇다.

어떤 경우든 개인적으로 뛰어난 아이들에게 모둠별로 주어지는 점수는 불만거리가 될 수도 있다. 그러나 다른 사람들과 함께하는 활동에서 자신의 능력을 발휘하면서 집단의 수준을 높이는 것은 개인적인 결과물이 뛰어나서 개인적으로 잘 받게 되는 점수에 뒤지지 않는 가치를 가지고 있다. 그것을 아이들이 체득하는 것도 중요하다.

우리, 판화로 이야기해요

나를 표현하는, 소재도 주제도 자유

학년 초 자신이 생각하고 있는 것을 상징적인 형체나 색채를 빌어 판화로 표현하고 그림에 표현된 자신의 생각을 발표해보기 수업을 실행했다. 주제나 소재는 제시하지 않았다.

수업의 목적은 단순했다.

첫째는 아이들이 무엇을 생각하고 어떤 의식 상태에 있으며 주된 관심사가 무엇인가를 알고 수업과정에 적용하기 위함이었다. 아무리 좋은 수업이라도 아이들의 의식에 가 닿지 않으면 단편적인 지식 전달에 불과하거나 관심조차 끌 수 없다. 감성적인 수업이든 교육과정에 충실한 수업이든 지금 여기에 있는 학생들의 상태를 고려하지 않은 수업은 미술수업에 대한 부정적인 의식을 심어주거나 수업에 무관심하게 만든다.

둘째는 학생들이 자신의 그림을 해석하는 스스로의 말을 통해 현재의 심리상태나, 달고 쓴 감정들을 드러내게 하자는 생각이었다. 한 차례의 수업으로 내재되어 있는 감정을 모두 드러낼 수는 없겠지만 자신의 내면에 있는 무엇인가를 객관화하고 스스로를 들여다보게 하려는 의도가 있었다. 그림으로 분리된 또 다른 자신을 들여다보면서 스스로를 해석해보는 시간이 무형적으로 지나가는 시간에 불과할 수도 있다. 그러나 내적으로 쌓인 숨은 이야기를 풀 수 있는 계기를 만나지 못한다면 개인적인 우울의 샘이 깊어지거나 삶의 한 장면인 기쁨의 순간도 어느새 시간 속에서 흩어지게 될 것이기 때문이다.

나름대로 진지하게 수업을 시작했다. 고무판이나 지판을 나누어 주고 자신이 현재 주로 생각하고 있는 것을 상징적인 형체나 색채를 빌어 판화로 표현하면 된다고 설명했다. 그런데 엉뚱하게도 '선생님 뭐해요?'라고 묻는 학생이 대여섯이다. 그러면 나는 또 다시 설명한다.

"자신이 지금 생각하고 있는 것을 표현합니다. 예를 들면 기쁨, 고민 등 여러 가지 감정을 자신이 생각하는 어떤 상징적인 형체나 색채를 빌어서 화면을 구성하고 판화로 표현하는 거예요. 그리고 그렇게 표현한 것이 어떤 생각을 표현한 것인지 자신이 직접 설명하고 발표도 해보는 거죠. 우선 생각이 정리되면 스케치를 해보세요."

그렇게 말하고 나면 또 다른 쪽에서 마치 어떤 설명도 듣지 못한 것처럼 '선생님 뭐해요?'라고 또 묻는다.

"판화 표현기법은 여러 가지가 있어요. 기법은 교과서를 참고하면서 할 수 있는 여러 가지 기법을 사용하고 형체는 자기가 표현하고자 하는 것이 무엇인지에 따라서 '나는 아름답고 이쁜 것을 표현하고 싶다 그러면 꽃이 될 수도 있고 가볍고 신기한 것을 그리고 싶다, 그러면 구름이 될 수도 있고 든든하고 유익한 것을 나타내고 싶다, 그러면 나무로 표현할 수도 있겠죠"라고 설명하고 나면 또 다른 대여섯은 멍 하니 언제까지고 앉아있기만 한다.

'뭐하고 있어요?'라고 물으면 '생각하고 있어요'라고 답한다. 어쩌면 당연하기도 할 것이다. 얼마나 막막하겠는가. 어떤 경우는 두세 시간을 조금 더

과장하자면 2~3주 내내 생각만 하는 경우도 있다.

'기다려야 할까? 내 방법이 잘못된 것일까'라는 불안이 일면서 '학생들 각자가 듣고 싶을 때 듣고 싶은 것만 듣는 것인가. 아니면 자신을 끌어내어 표현하는 유형의 수업이 익숙하지 않은 것인가'하고 나름의 진단을 해보기도 한다.

다른 반에서 같은 수업이 진행될 때도 같은 현상이 일어난다. 중학교 미술시간은 대개가 일주일에 학급당 한 시간이므로 한사람의 미술교사가 많은 학급을 담당한다. 그러면 일주일 내내 비슷하거나 같은 설명을 실컷 하고도 '선생님 뭐해요?'라는 질문을 계속 받아야 한다. 뭔가 잘못된 것 같다.

왜 모든 것을 이론으로 대략 설명하고 시작하지 않느냐고? 물론 그런 수업을 수년간 치러왔다. 죄송하지만 아이들은 처음부터 이론에 대해 전혀 궁금해하지 않는다. 아이들은 미술시간에는 쉬고 싶어 하거나 가볍게 여기는 심리가 있다. 왜 그러는지는 내 탓도 있고 다른 탓도 있다. 다른 숙제를 하거나, 졸거나, 자거나, 떠들거나, 돌아다니거나, 수많은 딴짓을 피해가기 위해 퍼즐, 퀴즈, 토론, 이론 마인드맵, 벌점, 잔소리, 고성, 심지어는 심리전까지 치르는 시간들을 지나왔다. 내가 하고 싶은 대로만 해서 그런 것일까. 아이들이 성공하는 데 필요한 과목만 공부하기에도 너무 지쳐서 그런 걸까. 아이들 스스로가 어떤 것에 의문을 가지고 그것을 해결하기 위해 시도해보고 실수도 하고 경험도 쌓아가면 좋을텐데…….

판화 실기 수업이 마무리되기까지 생각하고 스케치하고 조각칼로 새기고 물감을 칠하고 종이에 찍어내서 말린다. 고무판화로 제작하는 아이가 있는가 하면 종이판화로 제작하는 아이도 있었다. 스케치한 후 여백을 칼로 오려낸 다음 뒷면에 색지를 붙이기도 했다. 말로 하는 과정이야 이렇게 일목

요연하고 간단하다. 하지만 저마다 다른 속도로 진행되는 개개인들의 과정 하나하나에 옮겨가기까지는 교사의 반복된 설명과 동료들의 협동이 곁들여져야 한다. 계획했던 시간보다 많은 시간이 소요된다.

그림 표현 수업을 마무리하고 마지막 발표시간이 되었다. 그림을 보고 발표하기 위해 뒷면 대형 칠판에 각자의 작품을 게시하였다. 자신이 말하고자 하는 것을 어떤 소재를 통해서 어떻게 표현하고 있는지 발표하도록 하기 위해서다. 그림을 보며 발표를 듣는 다른 학생들에게는 자유롭게 질문하도록 하였다.

새로운 활동을 시작하는 단계마다 척, 척 진행되기를 바라는 것은 기대하지 않는 것이 좋다. 작품을 게시하는 데 도움을 주는 도우미들이 작품을 감상하기 좋게 간격을 두어 배치하게 하는 데만도 많은 설명이 필요했다. 작품이 게시되는 동안 나머지 학생들에게는 발표를 어떻게 할지 생각을 정리하라고 했건만 왁자지껄, 큰 소리를 질러대야만 생각이 정리되는 모양이다. 때로는 표독스럽기까지 한 표정과 고성이 등장할 때도 있다. 아이들이 나를 따라하는 것인지 내가 아이들을 따라하는 것인지 시작과 끝을 알기 어렵다.

발표가 시작되었다. 자신의 이야기가 자연스럽게 흘러나오게 하기까지는 듣는 아이들에게 '조용히 해'라고 몇 차례 더 강조해야 한다. 친구가 무슨 말을 하는지 제발 진지하게 들어달라고, 다른 사람이 이야기할 때는 듣는 예의를 지켜달라고, 그래야 자기도 하고 싶은 이야기 다 할 수 있다고, 적어도 두세 번은 말해야 한다.

떠드는 아이들을 가만히 들여다보면 자신이 하고 싶은 말은 거대하게 쌓여있어 퍼내도 퍼내도 끝이 없는 아이들 같다. 당연히 자신의 이야기를 하느라 교사나 다른 아이들 이야기는 잘 듣지 않는다. 때와 장소를 가리지 않고 매시간 자신이 말하고 싶을 때 말하고 움직이고 싶을 때 움직이는 별에서 온 아이들을 진정시키려면 해리포터의 막대기라도 있어야 한다.

첫 번째 발표하는 아이가 자신의 그림 앞으로 섰다. 긴장되고 어색한 모습으로 쭈뼛거리고 있을 때 나는 다시 한 번 말한다.

"그 소재들을 어떤 생각으로 그렸는지 무엇을 표현하고 싶었는지 현재의 자신과 연관 짓고 생각 그대로 말하면 됩니다."

웬일인지 다른 아이들도 자신의 일이라도 되는 것처럼 긴장된 채 조용하다. 말문이 터지기를 숨죽여 기다리는 것이다. 아이들이 느끼기에 '어떤 말이든 해도 되겠구나'하고 안도하기까지는 앞서 발표하는 아이들에게 자신의 이야기를 자유롭게 할 수 있도록 허용의 범위를 넓혀 주어야 한다.

수줍어서 더러는 시크해서 또 내성적이어서 표현이 잘 안 되는 경우가 있는가 하면 어떤 이야기를 하든 활발하고도 자신 있고 당당하게 말하는 아이도 있다.

발표와 질문 응답의 분위기가 무르익으면 거의 모든 아이들이 주의를 집중하고 친구들의 이야기에 귀 기울인다. 평소에 잘 하지 않던 진지한 이야기도 흘러나오고 알고 보니 친구들도 자신과 같은 생각을 하고 있었지만 다르게 표현하는 것도 보게 된다. '나는 어떻게 발표해야 하나'하는 표정으로 내심 긴장하는 모습도 보인다.

가위와 이어폰(2학년 유서진)

내 마음을 들여다보는 시간

자신의 그림에 대해서 발표하고 질의응답하는 과정에서 '나'에 대해서 동료들이 이렇게 많은 관심을 가져준다는 사실에 자신의 존재감을 확인한다. 아이들이 이런 과정을 거쳐갈 때 일면 긴장하기도 했지만 한편으로는 스스로가 긍정적인 에너지를 채워가는 느낌도 받았다. 동시에 그림의 소재가 매개가 되어 동료에 대해서 많은 궁금증을 가지는 점도 새롭게 느껴지는 부분이었다.

"화병에 꽂힌 두 송이 꽃은 무엇을 상징하나요?", "왜 한사람만 있나요?", "미래를 생각하면서 표현했다고 했는데 미래에 뭘 이루기 위한 그림인가요?", "만약 학교를 안 다니고 자유로워지면 뭘 할 건가요?", "여행비는 어떻게 마련하실 건가요?" 질문과 응답이 꼬리에 꼬리를 물기도 했고 아이에 따라서는 간단명료하게 설명하고 질문조차 없는 경우도 있었다.

게시판에 붙은 아이들의 그림 가운데 비교적 정교하고 조용한 느낌을 주는 그림이 눈에 띄었다.

소재는 가위와 이어폰이다. 이 그림은 그림을 그린 사람의 설명을 듣지 않고는 어떤 생각을 가지고 그렸는지 알기 어려웠다. 감상자가 상상력을 동원해서 여러 가지로 추정해 보아야 한다. 그림에 관심이 없는 사람이라면 그냥 지나치고 말겠지만 조금이라도 관심을 갖게 된다면 뭘 표현하려고 한 거지, 라는 의문을 가지게 하는 그림이다.

드디어 그 그림을 그린 주인공이 발표하는 순서가 되었다. 교실 앞쪽에 앉았어도 평소에 말소리를 거의 들어보지 못했던 학생이었음에도 발표할 때는 조용하면서도 조리있게 그리고 단호하게 말하면서 모든 학생들을 집중하게 하는 카리스마가 있었다.

"제가 가위를 소재로 선택하게 된 것은 가위질을 할 때 가위소리가 책을 넘기는 소리와 같아서입니다. 저는 평소에 책읽기를 좋아합니다. 좋아하는 책을 오랫동안 읽지 못해서 책 읽을 때 책장을 넘기는 소리를 생각해냈습니다. 그 소리는 마치 가위질할 때의 소리와 같이 느껴졌습니다. 그래서 가위를 그리게 되었습니다. 책을 읽지 못할 때도 가위소리를 생각하거나 들으면 기분이 좋아진다는 것을 생각하면서 가위를 정교하게 묘사한 것입니다. 물론 이어폰도 개인적으로 음악을 좋아하는 것을 상징하는 것입니다.'

듣던 아이들은 '와!!! ~~~ '하는 반응을 보였다.

그 아이는 평소에 자기표현을 잘 하지 않아서 어떤 생각들을 하고 사는지 알기 어렵고 조심스럽게 다가가야 할 것 같은 느낌을 주는 아이였다. 그러나 막상 자신에 관한 이야기를 발표했을 때는 아이들로부터 환호성을 이끌어 낼 만큼 명쾌하게 설명했다. 나도 덩달아 기분이 좋아졌다.

시험공부로 인해 책을 읽지 못하는 결핍의 현실을 '가위소리=책 넘기는 소리'와 일치시키는 은유의 통로를 지나 실제 가위의 이미지와 결합시켰다. 정교하게 그려진 가위가 내는 소리를 책 넘기는 소리라고 규정하여 자신만이 가질 수 있는 고유성으로 완성시켰다. '아쉽다', '힘들다'는 어쩌면 짜여진 시간에 따라 움직일 수밖에 없는 현재의 중등학생들이 가장 많이 느끼는 감정일 것이다. '아쉽다', '힘들다'라는 그 결핍이 자신만의 어떤 세계를 구축하는 발판이 된 것이다.

누군가 나의 그림을 보아주고 그림에서 파생되는 이야기를 세심하게 들어준다는 것은 그 자체 만으로도 치유의 힘이 크다. 어디 치유의 힘뿐인가? 타인의 세계를 알아가는 계기가 되며 함께 공감하는 시간이기도 하거니와 자신의 세계를 구축해가는 시간이 되기도 한다.

생의 기쁨이 넘치는 아이들도 있다. 화목한 가정, 할머니 할아버지 댁에 대한 좋은 추억, 맛있는 음식을 먹을 때의 행복감, 친구들과 행복한 시간, 가족과 함께 했던 즐거운 여행, 아빠와 함께 했던 즐거운 시간들, 어린 동생에 대한 사랑, 이성 친구에 대한 감정, 미래에 일어날 일들에 대한 긍정적인 확신, 케이팝 가수들을 볼 때와 노래를 즐길 때의 희열 등을 표현했다.

1학년 아이들이 판화로 표현하고 발표해본 소재와 내용들의 일부이다.

마음 한쪽을 차지한 소재들

· BTS

· 수박을 좋아해

· 친구와 하면 좋아

· 나의 관심군, 자동차와 건축

· 내 얼굴이 예뻐질 때

· 여행이나 외식 등 가족과 함께 즐거운 시간을 보낼 때

· 크리스마스 트리

미술로 들어온 일상

· 미술활동을 하면서 나를 표현해 보고 또 그것을 다른 친구들 앞에서 발표하는 게 재미 있었고 나를 한번 더 돌아볼 수 있어서 좋은 시간이었다. 나의 생활들이 내가 표현한 미 술적 표현으로 나온다는 게 신기하고 좋았다.

· 생활에서 자주 보거나 할 수 있는 것들을 미술로 표현하며 만들고 생각하니까 재미있다.

· 내가 학원 다니면서 힘들고 수행평가의 복잡한 마음과 자유롭게 놀지 못하고 어렸을 때 마음껏 돌아다니던 모습을 미술로 표현했다

· 첫 번째 활동으로 한 종이로 판화 만들기를 통해서 어항 속의 물고기처럼 편안하게 살 고 싶은 마음을 표현해 보았다.

· 내가 했던 고무판화는 자신의 인생에서 가장 기억에 남는 것을 판화로 만드는 것이다. 나는 내 고무판화에 내 인생에서 한 획을 그은 바나나우유를 표현했다.

· 판화에서는 내가 평소 즐겨 마시고, 가장 좋아하며 평소에도 그리는 것을 좋아하는 예 쁜 카페에 있는 커피를 그렸다.

가족들과 함께한 소중한 추억

· 나의 생활은 복잡하면서도 단순하다. 그리고 우리 가족을 사랑한다. 그래서 가장 기억 에 남는 장면을 그릴 때 아버지와 함께 야경 보는 것을 그리게 된 것이다. 생활 속에서 가족들을 사랑하고, 음식 먹는 것을 좋아한다.

· 판화에서 내가 표현한 것은 아빠와의 추억이었는데, 중학생이 되면서 학교, 학원 등 바 빠진 생활로 아빠와 많은 시간을 보내지 못해 아쉬웠다. 어렸을 적 아빠와 함께 카드놀 이를 하면서 즐거운 시간을 보냈던 추억을 떠올리며 그것을 주제로 선택했다.

우리가 행복함을 느끼는 때는 뭔가 대단한 일과 관계된 특별한 때도 있 지만 대부분은 일상의 순간에 있다. 누군가 나와 함께 할 때, 가족과 즐겁

게 식사를 할 때, 좋아하는 일을 할 때, 누군가를 위해서 음식을 만들 때, 또는 맛있게 먹을 때 바로 그 순간들이다. 아이들도 그렇다.

거미와 거미줄, 그리고

표현활동의 결과 중에는 혼자 웅크리고 있거나, 외롭게 있는 그림들이 적잖이 눈에 띤다. 현재는 왕따가 아니지만 적응을 잘 하지 못해 언제든 왕따가 되면 어쩌나 하는 두려움에 대한 표현들이다. 현재 친구들과의 관계가 원만하더라도 어떤 형식으로든 친구들로부터 분리되는 것에 대한 두려움이 아이들 내면에 크게 자리하고 있기 때문이다.

현재는 마음대로 할 수 없고 답답하더라도 미래에 닥쳐올 불행에 대한 공포감을 덜어내기 위한 보험성 공부와 번듯한 미래를 위해 투자하는 투자성 공부에 매달려 있는 현실을 표현한 경우도 많다. 지금은 힘들고 지치지만 미래를 위해 참고 견뎌야 한다는 마음이 하고 싶은 것을 하면서 현재를 자유롭고 행복하게 살고 싶다는 현재의 욕망을 짓누르는 현실을 표현하고 있다. 새장에 갇혀 있는 새, 줄에 매달린 종이비행기, 화분에 심어져 실내에서 키워지는 화초, 새의 꺾인 날개, 높은 벽과 같은 소재들을 빌어 와 수동적인 위치에서 생활해야 하는 자신의 처지를 은유적으로 표현했다.

또, 한 가지 소재를 가지고도 여러 가지 주제를 끌어와 자신의 이야기를 만들기도 했다. 많은 아이들에게 소재로 선택되어 심심치 않게 등장하는 거미는 한 가지 소재를 가지고도 해석하는 시각이 달랐고 표현도 다양했다.

아이들의 거미 작품

당당하게 거미줄에 포진하고 있는 거미

거미줄 짜기 자체를 철저한 미래 준비로 생각하였다. 걸러드는 먹이를 미래에 해야 할 일로 생각하여 미래 준비를 완벽하게 하겠다.

거미줄에 먹잇감을 포획해놓고
어딘가 숨어 있거나 거미줄에 없는 거미

자신이 거미줄에 잡혀있는 포획물로 현실에 묶여서 옴짝달싹 못하는 존재로 여기고 있다.

거미줄을 쳐놓고 큰 나비가 걸려들기를 기다리는 숨은 거미

자신은 나비이며 거미줄은 보이지 않는 함정이다, 거미와 거미줄이 도처에 있지만 그럼에도 불구하고 아름답고 자신감 있게 나비의 삶을 즐기고 있다.

다른 생물을 꽁꽁 싸매놓고
언제든 먹을 준비를 해놓은 거미와
거미에게 포획되어 먹히기 직전인 먹이

먹히는 자가 될 것인가 먹는 자가 될 것인
가, 정복하는 자가 될 것인가 정복당할 것
인가.

**거미줄에 알을 낳아놓고
모습을 드러내지 않고 있는 부모 거미**

거미줄 중앙에 알로 보관되고 있는 것은 자
신이 안전하게 보호되고 있음을 표현하고
있다. 그러나 현재로서는 너무 어려서 소극
적이고 활동성이 없는 상태이다.

**거미줄에 나비가 걸려들기만을 기다리며
모르는 척하는 거미**

거미줄에 다른 거미와 함께 있는 거미

자신이 거미인지, 거미의 먹이인지, 거미의 알인지, 아이들의 설명을 들어 보아야 알 수 있었다.

거미 이야기는 그리스로마 신화에도 등장하는 매력적인 소재다.

아라크네라는 젊고 아름다운 직조사가 신의 노여움을 사게 되어 거미로 변신한 이야기다. 너무나도 아름답게 직조를 하는 아라크네에게 주변 사람들은 "아라크네는 신보다도 더 아름답게 직조할 수 있다"는 감탄과 칭찬을 아끼지 않았다. 감탄과 칭찬을 반복해서 듣게 되면 아무리 겸손한 인간이라도 하늘 높은 줄 모르고 오만해지기 마련인가보다. 아라크네도 역시 인간답게 그 허들에 걸려들고 만 것이다. 급기야 아라크네 스스로가 신보다 더 아름답게 직조할 수 있다고 말하기에 이르렀다. 공예와 예술의 신이기도 한 아테나가 이 말을 듣지 못할 리가 없다. "감히 인간인 주제에 나보다 더 아름답게 직조를 할 수 있다고 스스로 말하다니" 아테나는 분노했고 정말 아라크네의 말이 맞는지 시험하기 위해 아라크네와 맞장을 뜨기로 한 것이다. 직조로 말이다.

마침내 직조 대결이 시작되었다. 신인 아테나로서는 자존심을 짓누르며 인간인 아라크네와 대결하는 와중에 아라크네의 직조를 슬쩍 들여다보니 신들의 애정 행각을 그림으로 표현하고 있는 것이 아닌가. 이를 본 아테나 여신은 불같이 화를 내며 즉시 아라크네의 직조를 찢어버렸다. 그러자 아라크네는 신에게 굴복하느니 동아줄에 스스로 목을 매달아 죽는 것을 선택했던 것이다. 아라크네가 죽은 현장에 있던 아테나는 아라크네를 거미로 동아줄은 거미줄로 영원히 바뀌게 했다는 이야기다.

인간인 아라크네는 직조술에 있어서 자신이 신보다 더 뛰어나다고 했고 그림으로 신들의 사생활까지 노출시켰다. 신들의 차원에서 생각하면 인간인 아라크네가 신의 영역을 침범하여 오만불손하다고 여길 수 있다. 하지만 인간인 아라크네의 입장에서는 신이라는 존재가 도덕적이지도 공정하지도 않으며 이성적이게 느껴지지 않았던 것이다. 인간인 아라크네가 보기에 신의 권위는 이기적이며 믿을 만한 것도 아니고 도덕적으로도 예술적으로도 검증되지도 않은 것이었다. 그러한 신의 권위에 아라크네가 도전했다고 하여 아라크네를 죽음에 이르게 하고 거미로 변신시킨 행위는 신의 갑질이 아니었을까? 신들도 그럴 수밖에 없는 신들만의 질서가 있을 수 있지만 인간은 자신을 뛰어넘는 누군가의 심각한 갑질을 뛰어넘을 수 없을 때 체념하거나 생각과 행위가 제한되고 왜곡될 수밖에 없다. 아라크네도 그랬을 것이다. 왜곡된 방법이지만 인간으로서 신에 저항할 수 있는 유일한 방법인 자살을 선택하고 만 것이다.

창조성의 속성은 일면 아름답기도 하고 일면 진실이 표현되기도 한다. 또 다른 일면은 기존의 가치나 권위에 순종하지 않을 때 새로운 길을 만들 수 있기도 한 것이다. 아라크네는 신이 가진 이러한 창조성의 기질을 모두 가졌기에 신에 의해 죽음으로 유인되었고 거미로 변신되었다. 거미로 변신하는 순간 아라크네의 창조성과 혁신의 힘은 소멸되고 동물성만 남았다. 창조의 힘과 혁신의 힘으로 신에게 반기를 들었던 아름다운 인간은 죽었다.

거미와 먹이 사이는 먹고자 하는 강자와 먹이가 되고 싶지 않은 약자로 구분된다. 강자가 쳐놓은 거미줄 덫은 강자를 이롭게 하는 강력한 장치로 사용되고 있다.

그런데 거미와 거미줄의 패턴이 표현의 소재로 많이 선택된 이유는 약자가 갖는 생의 시간 어느 시점에서 어느 날 갑자기 자기도 모르게 함정에 걸려든다는 점과 한번 걸려들면 저항도 못하고 서서히 먹혀간다는 점이 현실적 공포감을 극대화시키고 있기 때문이다. 반대로 거미는 자기가 가진 장치 하나만 가지고도 별다른 힘을 들이지 않고 어느 날 우연히 걸려든 로또를 잘 관리하면서 야금야금 먹어치우면 된다.

어떤 아이들은 이 공포감을 느끼는 대상이 되기도 하고 어떤 아이들은 공포감을 조장하는 주체가 되기도 한다. 삶의 위험과 공포가 도처에 있는 와중에도 먹잇감들은 자신들만의 생의 시간을 갖는다. 나비로서 아름답고 완벽한 비상도 있다. 거미도 먹잇감들과 마찬가지로 자신들만의 삶의 시간을 갖는다. 학교라는 장소가 아니라도 우리가 살고 있는 사회에서 많이 보고 알고 있는 패턴이다. 거미가 아닌 다 같은 인간으로 태어난 지구상에서 왜 거미와 먹잇감으로 자신들을 구분하고 감정이입을 하는 것일까? 말하지 않아도 가르쳐주지 않아도 벌써부터 아이들은 알고 있다. 누구도 먹잇감이 되고 싶지 않고 자신의 삶을 살아가고 싶은 것일 게다.

자신의 삶이 비쳐지는 이야기를 만들어내는 창작의 힘, 그리고 은유와 표현의 힘이 아이들 안에 있다. 전지전능한 신의 자리가 아무리 좋을지라도 누구라도 아테나 흉내를 내면서 존재를 짓밟는 행위를 하고 있는 것은 아닌지 뒤돌아보아야 할 것이다. 삶을 안정되게 누리고 싶은 본능과 권리는 누구에게나 주어진 것이다.

상상놀이: "나는 화가다"

겁내지 않고 상상하기

최근에 영화 〈신과 함께 2〉를 보았다. 재미있었다. 이야기가 처음 시작될 때 갑자기 걸려온 전화를 받느라 처음 이야기를 조금 놓치긴 했어도 이후 영화를 보는 동안은 시간가는 줄 모르고 즐길 수 있었다.

주연 배우들의 아우라와 극중 캐릭터들의 조합이 절묘하기도 하려니와 배우들이 각자의 역할을 잘 소화해냈기 때문일 것이다. 어쩌면 심오할 수도 있고 황당할 수도 있는 이야기를 가벼운 코믹으로 연결하니 평범한 감상자인 나로서는 더 재미가 있었다. 사찰 앞 거대한 천왕상을 연상시키는 염라대왕(들)이 출현하고 이승과 저승 세계를 연결하는 무시무시한 괴물에서 성주단지, 펀드, 재개발과 주변이야기, 그라피티, 전쟁, 배신, 양심, 가책, 가족, 심판, 전쟁고아, 초인적인 주먹까지 남녀 간의 이야기만 빼고 다 등장하는 것 같다.

작가는 이 이야기를 최초로 상상했던 순간과 작은 이야기들을 상상하고 연결하는 순간순간에 살아있음에 대한 기쁨과 희열을 느끼지 않았을까?

상상은 작가 개인에게 그치지 않았다. 작가가 만든 이야기를 영화라는 형식으로 만들기 위한 단계에서도 작가의 상상력 위에 또 다른 상상이 없어졌을 것이다. 문자로 된 이야기를 살아 움직이는 화면으로 만들어내는 데 상상력이 개입되지 않는다면 제작이 불가능할지도 모른다. 상상은 거기서 끝이 아니다. 영화와 만난 관객은 놀라운 장면들 다음으로 한 발짝씩 더 상상해 갈 수 있다. 상상은 작가 개인의 직관과 희열로부터 시작되지만 여러 매체들을 통해서 집단적인 재미와 상상으로 확장될 수 있다. 다음 편을 상상해보고 어떻게 나올지 기대하는 것도 그 중의 일부다.

상상한다는 것은 상상의 기록으로부터 발생한 수익이나 사회적인 인정의 문제는 차치하고라도 그 자체만으로도 보상적인 측면이 있다. 상상한다는 것은 삶의 결핍과 따분함과 답답함, 무의미함, 허무와 공허, 존재 없음에 맞서는 살아있음의 증거이기 때문이다.

아이들이 천여 명이 넘는 학교에 근무할 당시에 있었던 일이다. 더운 날씨 때문인지 틈만 나면 언제 어디서건 물총놀이를 하는 것이다. 교실, 복도 운동장 할 것 없이 물총놀이가 성행했고 수업시간에도 칠판에 판서를 하기 위해 교사가 등을 보이면 교사의 등 뒤에서 한두 명은 물총놀이의 만행을 저질렀던 것이다. 특히 체육대회 날은 물총놀이를 즐기는 아이들이 많아져서 수돗가와 운동장 한쪽은 물이 흥건하고, 교실 옆 복도에서도 물난리를 치렀다. 많은 아이들이 온몸에 옷이 찰싹 달라붙게 젖어서는 즐거워서 못 참겠다는 듯이 돌아다닌다. 그 아이들의 얼굴이 발랄하게 상기되어 있었다.

'이쁘네.'

학교에서는 체육대회 날도 물총놀이를 사전에 막기 위하여 여러 가지 통제 시스템을 가동했다. 아침부터 미리 적발해서 압수한 대형 물총만도 수십 개다.

내 마음 한쪽에서는 이상한 반항이 일었다. '그럼 애들은 어떻게 하고 놀

으라고? 정해준 대로만 놀으라고?'

마침 직원회의 시간에 물총놀이와 관련하여 발언의 기회가 있었다. 속으로는 이 말을 해야 되나 말아야 하나를 여러 번 되뇌었다. 결국은 참아내지 못하고 한마디 하고 말았다. 아이들이 통제에도 불구하고 물총놀이를 아주 즐겁고 신나게 하고 있으니 특정한 날, 특정한 시간에 물총놀이를 아예 양성화하면 어떻겠냐고 의견을 내었다. 모두의 얼굴이 얼음 물총이라도 맞은 것마냥 걱정스러운 표정이 되었다.

뭔가 잘못된 모양이다. 그것이 너무나 엉뚱할 지라도 상상할 수 없는 삶은 상상할 수 없다. 때로 나는 겁내지 않고 상상하기도 하고 상상한 것을 아이들에게 말하기도 한다.

교실의 어항에 올챙이를 키우기 시작하면 뱀도 와서 살고, 독수리도 올 것이며, 소도 키울 수 있고, 우유급식은 소에게 직접 짜서 마시는 방법도 있다고. 어떻게 하든 '제한 없이 마음대로 꾸며서 입어보기'라는 그 동네만의 특허를 내면 그것을 즐기려는 사람들이 모여들 것이고 덩달아서 지역경제가 활성화 될 것이라고.

한 아이는 아예 동업을 제의한다.

나는 동네 천에 용을 키운다고, 익룡을 타고 출퇴근한다고, 4교시만 하고 오후에는 자연 생존게임이 있는 아마존 밀림학교를 다니면 좋겠다고, 말했다.

아이들은 웃으면서 재미있게 듣는다.

그리고 농담도 건넨다.

"오늘은 뭐 타고 오셨어요?"

"나는 언제 태워 주실 거예요?"

"지금 용은 어디 있어요?"

그리고는 얼마 지나지 않아서 '허언증'이라는 말로 뒤통수를 때린다.

하. 하. 하……. 당연한 결과가 아니겠는가.

그래서 나는 아이들도 평소에 하지 않는 상상놀이를 해 볼 수 있도록 '뇌 구조 놀이'를 했다. 밑도 끝도 없는 상상놀이는 한편으로 아이들에게 고통이 될 수도 있으므로 화가처럼, 화가에게 옮겨가기를 실행했다.

---

2) 피카소 게르니카 3D http://hanulsoblog.com/50031083213, http://www.artplus.or.kr/swf/artist_56/west/20c/cubism/picasso.swf

화가 상상놀이

3D로 제작된 피카소의 명작, 게르니카 등 먼저 동영상[2]을 보여 주었다. 이후 화가 상상놀이는 다음과 같이 진행되었다.

1단계　자신이 화가인 것으로 착각하기.

2단계　화가가 된 자신의 뇌구조를 그려보기.

3단계　진짜 피카소처럼, 뱅크시처럼 그림 그리기.

① 자신이 직접 그린 그림들이라고 말하고 스스로 생각한다.

② 그림 하나를 선택하고 그림을 그리고 있는 자신의 모습을 들여다본다.

③ 그림을 계속 그리면서 무슨 생각으로 그림을 그리고 있는지 천천히 세세하게 생각해보자.

④ 어떤 생각으로 그림을 그리고 있는지 뇌구조에 기록해 보자.

⑤ 그밖에 화가로서 자신이 생각했던 다른 생각들도 기록해 보자.

⑥ 교과서에서 이들에 대한 정보가 있는지 구석, 구석 살펴보자.

⑦ 아무래도 생각나지 않으면 누가, 언제, 어디서, 무엇을, 어떻게, 왜를 생각해 보자.

⑧ 그림에서 조형의 요소와 원리는 어떻게 사용하고 있는지도 살펴보자

⑨ 더 많은 관심이 있다면 개인적으로 인터넷을 탐색해 보자.

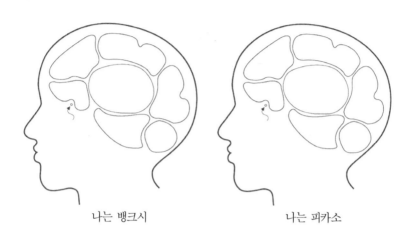

나는 뱅크시   나는 피카소

지금 너는 인류사에 획을 그을 화가로서 지금 생각하는 것을 그림으로 표현해 봐

나는 뱅크시	나는 피카소

불안과 우울과 분노에서 벗어나고 삶을 즐길 수 있는 상상의 지지대가 필요하다. 여유와 심심함과 자연이 아이들의 주변에 머물게 하고 익숙한 세계에서 낯선 상상놀이에 빠져보자.

이 놀이는 바디페인팅으로 원시인 되어보기로 이어진다.

타임머신 타고 옛날 예술가가 되어 보아요

몇 년 전 시내 중학교 학생들과 몸살을 앓았던 기억들이 다 잊혀지기도 전에 다른 시내의 중학교로 발령 받았다. 뭣도 모르고 1, 2학년 통틀어 19개 반 교과담임과 3학년 1개 반 담임을 덜컥 맡았다. 19개 학급을 교과로 담당해야 하는 것이 부담이 크긴 했어도 담임으로 맡게 될 학급이 아주 똑똑하고 공부도 잘하는 중국어반 아이들이라는 말에 조금은 다행이다 싶은 생각이 들었다. 아닌 게 아니라 학급에 처음 들어가 보니 모두 초롱초롱 똑똑해 보였다.

'이런 중학생들과 담임으로 만나다니', 나름 대책 없는 자긍심도 슬쩍 생기려고 하고 '이제 고생 끝 행복 시작인가? 그래 나도 딱딱하고 사무적이고 혼내는 듯한 말투는 이제 그만 쓰고 아이들과 편안하고 온화하게 부드럽게 만날 수 있겠구나'하는 아주 야무진 착각에 이르렀다.

대개 학생들은 학년 초 그것도 생판 처음 보는 담임교사에게 으레 그렇듯이 얌전하고 말이 없었다. 지각하는 학생, 제출물을 잘 내지 않는 학생, 수업시간을 잘 지키지 않는 학생, 화장하는 학생이 두세 명 정도, 그 정도라면 별로 문제가 없었다. 나는 쭉 부드럽고 착한 담임교사의 모드를 유지할 수 있었다. 조회·종례 시간에 기회가 될 때마다 아이들에게 말했다. "너희들은 똑똑하고 여태 교육도 잘 받았기 때문에 자긍심도 있고 학교생활도 잘할 것이라고 믿는다." 그리고 우리 반 학생이 약간의 문제가 되는 경우는 한두 번 짧게 말하는 정도로 지나갔다. 이성적으로 판단하고 알아서 잘 하겠지, 라는 밑도 끝도 없는 믿음으로 일관했다. 그런데 한 달쯤 지나갈 무렵 나에 대한 아이들의 간보기가 끝나가고 있었다. 나의 허점을 다 알아버린 것이다. 담임반 아이들은 슬슬 여기 저기 갈등의 싹이 보이기 시작하더니 아예 본격적인 활동기에 들어서기까지는 며칠도 걸리지 않았다. 늘어나는 지각, 화장, 사복, 체육복 등교, 남학생 대 여학생의 갈등, 무단외출, 거친 언행, 독단적이고 이기적인 주장들, 막 터져 나오기 시작했다. 나의 믿음을 가장한 방임형 부드러운 모드 작전은 완전히 빗나가고 말았다. 그때부터는 매일 매일 긴장 속에서 인류의 새로운 종족과 새로운 시간들을 맞이해야 했다.

그런 가운데 수업시간만이라도 아이들의 왕성한 제각각 세포들을 제각각으로 만족시킬 수 있을까 하는 생각을 하지 않을 수 없었다. 내가 생각해도 닭살 소름이지만 나도 아이들에게 예쁨 받고 싶었기 때문이었을까?

그래서 나는 아이들이 관심을 가질만한 키워드를 모으고 미술사 수업에 접목해 보았다. 그렇지 않으면 미술사 수업이 종전처럼 나 혼자만 열 내기도 힘든 수업이 되고 말 것이었다.

뇌구조, 빙의, 나도 '관종'처럼, 뒷북치기(동료평가)를 중심어로 삼았다.

1단계 모둠은 수업방법 1, 2 중에서 선택적으로 하도록 했고 2단계는 모둠 통합 활동을 실행했다. 모둠은 남녀를 섞어 정하고 역할은 겹치지 않도록 미리 조정하도록 했다.

■ 1단계 (방법 1과 방법 2중에서 선택활동: 모둠별)

<나에게 관심을 줘> 방법 1. 그 시대의 예술가 되기

1. 모둠별 협의에 의해 1인 1시대의 미술 분야를 한 가지 선택하고 그 시대의 예술가가 된다(예. 백제시대 건축가 또는 신라시대 화가 또는 통일신라시대 금속공예가 등).

2. 교과서에 기록된 우리나라 미술 전체를 요약, 정리하면서 시대별로 일어나는 궁금증을 문항으로 만들기(질의응답 시 질문).

3. 자신이 선택한 시대는 질의에 응답할 수 있도록 깊고 넓게 조사한다.

4. 그 시대의 화가, 조각가, 건축가, 공예가, 디자이너가 되어 뇌구조를 그리고 가상 작품을 스케치한다(당시의 시대를 이해해야 하고 현재의 사람이 아니라 당시의 사람(예술가)이 되어 스케치해야 함).

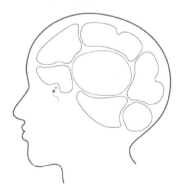

그 시대의 사람(왕, 귀족<사대부 및 권력자>, 평민, 노비, 부녀자, 승려 등), 그렇다면 나는 ?

5. 모둠 6명이 각자 조사한 시대, 당시의 예술가로서 시대적 배경과 미술적 특징을 설명하며 그에 기반된 자신의 스케치를 소개하고 설명한다.

6. 시대와 작품에 대하여 서로 질문하고 답한다. 가능하다면 토의, 토론을 거친다.

7. 각자 자신이 질문했던 문항에 응답을 기록한다.

8. 동료평가(개인별, 모둠별 리그 평가시 모두 적용)

 * 적절한 질문의 양과 질, 질문 문항 수, 질문에 대한 응답 수준, 개인별 담당 시대에 대한 자세한

   조사와 준비 정도, 수업태도를 기준으로 평가

<나에게 관심을 줘> 방법 2. 그 시대의 사람 되기

1. 교과서를 보고 시대별, 항목별로 요약정리한다.

2. 교과서에 기록된 우리나라 미술 전체를 요약정리 하면서 시대별로 일어나는 궁금증을

   문항으로 만들기(질의응답 시 질문).

3. 모둠별 협의에 의해 1인 1시대를 선택하고 그 시대의 사람(왕, 귀족, 사대부 및 권력자, 평

   민, 노비, 부녀자, 승려 등)이 되어보자.

4. 자신이 선택한 시대는 질의에 응답할 수 있도록 깊고 넓게 조사한다.

5. 그 시대 미술품을 사용하는 주인공으로서 뇌구조를 그린다(당시의 시대를 이해해야 하고

   현재의 사람이 아니라 당시의 사람이 되어야 함).

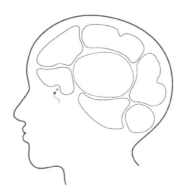

6. 모둠 6명이 각자 조사한 시대, 당시의 사람으로서 시대적 배경과 자신이 사용하고 있

   는 미술품들(생활용품 포함)의 특징을 설명하며 그에 기반된 자신의 역할을 소개하고 설

   명한다.

7. 모둠 6명이 시대와 작품에 대하여 서로 질문하고 토론하고 답한다.

(1시대에 1인당 1질문이므로 1인당 5~6문항의 질문을 받고 답해야 한다.)

8. 자신이 질문했던 문항에 응답을 기록한다.

9. 동료평가(개인별, 모둠별 리그 평가시 모두 적용)

■ 2단계: 모둠 통합활동

각 모둠별 대항 5문씩 주고 받고 응답

부전승 대항으로 진행한다. 판정단은 대항에 참여하지 않는 나머지 모둠.

판정기준: 질문 문항 수, 적절한 질문의 양과 질, 질문에 대한 응답 수준, 개인별 담당 시대에 대한 자세한 조사와 준비 정도, 질문과 응답 태도, 모둠별 질서 등

동료(수행)평가 안배의 예

모둠 안에서 활동: 15점

모둠별 대항: 15점

모둠이 정해진 순간부터 시끌시끌 뒤집어진다.

"선생님 부녀자가 뭐예요?", "1, 2 방법 두 개 다 하는 거예요?", "한 시대를 가지고 여섯 명이 각자 역할을 나누는 거예요?", "모둠이 7명이면 시대를 어떻게 나눠요?"…….

나는 이런 질문들에 답하고 나서 동료평가할 때의 기준을 잘 읽어봐야 한다고 은근슬쩍 강조해 두었다.

"적절한 질문의 양과 질, 질문 문항 수, 질문에 대한 응답 수준, 개인별 담당 시대에 대한 자세한 조사와 준비 정도, 그 밖에 협력 사항들을 잘 기억하시죠?"

각 모둠에서 먼저 방법 1과 방법 2를 두고 어떤 방법을 선택할 것인지 또 각자 어떤 시대를 배정해 갈 것인지 나름대로 협의를 했고 어렵지 않게 결정했다. 문제는 아이들이 수행평가 총 결과에 대해서 성취수준을 A(80), B(60), C(0) 등급으로만 나눈다는 사실을 인식하고 있었고 딱 그만큼만 하려고 한다는 점이었다.

몇 점 이상만 넘으면 다 똑같으니 그 속에 무엇이 있는지 자세히 알려고 하지 않았다. 처음부터 굳이 깊고 넓게 하지 않고 대충 묻어가면 된다는 생각을 가지는 것이다. 이러한 아이들이 적극성을 가지고 완전정복하려는 아이들과 한 모둠에 섞여 있었다.

우리가 흔히 알고 있는 바와는 다르게 대충 묻어가려는 성향의 아이들이 A, B등급에도 있는가 하면 정복해보려는 성향의 아이들이 B, C등급에도 있었다.

이렇게 모둠이 짜인 경우는 대개는 쉽고 편한 방향으로 묻어가기 십상이다. 처음 활동에서는 그러한 성향을 보였다. 수업에서 아주 단편적이고 기초적인 내용들만 다루고 더 이상 깊이 의문을 가져보거나 조사해 보거나 답하려고 들지 않는 것이다.

그런데 수업의 초반에 대충 묻어가려고 했던 성향이 수업의 중반쯤 되면 묻어감이 와해되는 지점이 있었다. 모둠과 모둠의 경쟁이 고조되는 지점에서다. 모둠원 6명 안에서 처음 리그가 벌어질 때는 잘 나타나지 않던 성향이었다. 그런데 두 번째 모둠별 리그가 벌어질 때는 집단적으로 하나의 결과로 수렴되기 때문인지 모두 협력하게 되었다. 6명이 모두 협력해서 상대 모둠 6명을 제압해야 되는 것이다. 평소에 '미술시간에 어떻게 하면 대충 시간을 때우면서 놀아볼까?'하는 아이들도 책을 들여다보면서 나름 긴장하는 모습을 보이기도 했다.

시간이 더해 갈수록 학습 자체에 대한 흥미라기보다 아이들끼리 만들어가는 행동적인 재미가 더해지고 있었다. 그렇게 자기들끼리 하는 공격적인 게임의 분위기와 열기에 빠져들었다. 꼭, 상대 모둠을 이기고야 말겠다는 생각보다 지식과 말로 상대에게 지고 싶지 않은 자존심도 작용하는 것 같았다.

두 번째 리그전 어느 순간부터 교과서에 있는 작은 글씨까지 샅샅이 살피는가 하면 역사적인 사실까지 더해 갔다. 아예 더욱 깊은 질문을 만들어 내고 숨어있는 이야기까지 끌어내기 위해서 자료들을 스스로 찾은 아이들이 하나둘 생겨나기 시작했다. 물론 모든 모둠이 그런 것은 아니었으나 리그 회수를 더해 갈수록 아이들은 수업에 더욱 집중했고 자신의 모둠에 피해가 가지 않도록 수업방해를 하는 일이 조금씩 줄어들었다.

어디서부터 생긴 지 모르는 수업 거부감으로 거의 매시간 미술수업에 참여하지 않고 '미운 말'만 톡, 톡 해대던 아이도 적극성을 보이는 새로운 모습도 볼 수 있었다. 그 아이는 미술 실기가 아닌 역사와 관련된 영역에서는 꽤 많은 것을 알고 있었고 논리적인 설명도 곁들여 공격도 하고 방어하는 모습을 보이기도 했다.

그런데 이렇게 잘만 풀렸을까?

일어날 수는 있는 일이지만 예상하지 못했던 두 가지 문제가 발생했다.

첫 번째는 판정단에서 객관적이고 공정한 판정을 하지 않은 것이다.

특정 모둠이 상대 모둠에 비해 아주 적극적이고 열렬한 참여는 물론 질문과 답을 했고 게다가 상대 모둠이 제시한 문제를 모두 맞추기까지 했다. 그런데 누가 보아도 승리를 예측할 만한 모둠인데도 승, 패 판정을 하기 위해 앉아있던 나머지 아이들이 그 모둠에 승리의 손을 들어주지 않았던 것이다.

당연히 해당 모둠은 '승패 판정이 객관성 없음'에 대해 문제를 제기했다. 아이들 사이에 보이지 않는 어떤 문제가 있는 것이다.

난감하게도 문제의 핵심을 정확히 알 수 없었으나 나는 넘겨짚고 말했다. 평소 자신들의 점수만을 얻으려는 욕심으로 다른 사람들을 배려하지 않고 이기적으로 행동한 것은 아닌지 혹은 나는 하지 않으면서 열심히 하고 잘하는 것을 끌어내리려고 하는 것은 아닌지에 대해서 생각해 보라고. 그리고는 올바른 판정을 위해서 어떻게 해야 될 것인지 학급협의를 거쳐 다음시간에 대책을 마련해 오라는 제시를 하고 말았다. 그렇게 말하고 나서 나는 내심 반응이 걱정스러웠다. 성적과 관련되어 있어서 예민한 부분이기도 하고 모든 상황이 수업의 의도와 달리 해석될 수도 있기 때문이었다.

그 학급의 담임도 아니었고 일주일에 단 한 시간 만나는 아이들과 이 문제를 잘 풀어갈 수 있을까? 나에게도 숙제였다.

두 번째 문제는 아이들의 무기력과 이기심의 문제였다.

두 팀씩 맞대결하는 체계이고 보니 준결승이나 결승에 가까울수록 대결에 참여하지 않는 아이들 즉, 판정단들은 이미 탈락된 상태의 나머지 모둠들이다.

여기에 나는 1위 모둠이라도 수업방해를 하는 모둠원이 있을 때 다른 모둠이 태클을 걸 수 있고 두 모둠이 다시 대항할 수 있다고 말했다. 5위가 1위와 대항해서 5위가 이기면 1위가 5위가 되고 5위는 1위가 된다고 강력 팁을 끼워 넣었다. 물론 모든 모둠에 적용되었다.

그런데도 잘 듣고 관찰한 후 판정해야 할 시간에 몇몇 아이들은 사적인 이야기에 주력하여 판정에 어려움이 생겼고 자신들의 학습활동에도 무력해지는 점이 있었다.

이런 아이들에 대해서 수업의 목적을 위해서 교사가 좀 더 강하게 개입해야 하는지 고민되는 부분이다. 이러한 상황에서 교사가 흔히 할 수 있는 방법은 집중하지 않는 아이들에 대해서 벌점을 주거나 수행평가에서 감점으로 처리하는 것이다.

나는 이러한 상황을 피해 보고자 동료평가를 강조했다. 동료평가 방법이 점수와 급우관계를 중시하는 아이들에게는 효과가 있었지만 급우관계나 학습이 관심 밖에 있는 무기력한 아이들을 움직이게 하지는 못했다. 한편으로 동료평가 과정에서 교사가 특별하게 관찰하지 않는 경우에는 학습의 상태와 상관없이 서로 점수를 잘 주자는 짬짜미가 발생하기도 했다.

이 아이들은 자신의 가능성을 발견하기도 전에 너무 어린 나이부터 실패라는 것을 학습해 버린 것은 아닐까? 짬짜미가 분명 정당한 방법이 아님에도 세상 사는 요령이 있음을 음성적으로나마 다행이라고 생각해 보는 것은 너무나 위험한 발상일까?

학습에서 주체적일 수 없게 하는 어떤 것, 주도적이지 않게 하는 저지선이 아이들 각자의 숨은 환경에 있다면 개개인이 인정받을 수 있는 작은 계기들이 누적되게 해줄 수 있는 것이 보통 교사인 내가 할 수 있는 최선이다. 이 정도의 처방은 누구나 쉽게 할 수 있는 뻔한 것이지만 '인정 받음'이 많은 아이들에게 누적되게 하려면 보통교사인 나는 순교자의 유전자라도 빌어 와야 할지도 모른다. 이 또한 나의 고정관념인지 의심해 보아야 하겠다.

타임머신 동료 평가지(참고 자료)

| 년 월 일 | | | | | | 학년 | 이름 | 반 | 번 | |

나의 시대와 활동에 대한 기록 (재미있었던 점, 잘된 점, 아쉬운 점 등)
예) 문제해결, 의사소통, 협동 등

친구의 활동에 대해서 (최상, 상, 중, 하로 구분)

학년	반	번	이름	총점 (15점 만점)	시대별 정리와 조사 및 이해 수준	조사 여부 (O,×)	질문수준	질문 여부 (O,×)	응답수준	응답 여부 (O,×)

평가 표현 결과물도 중요하지만 평소 행동과 봉사정신 수업에 도움된 점, 방해된 점 차원에서도 생각해 보고 평가할 것	선택 조건: 아이디어를 제공하고 열심히 참여하며 협동적임	
	최상점을 주고 싶은 사람 2명 선정 후 기록	반 　 번 　 이름 반 　 번 　 이름
	최상점을 주고 싶은 이유 기록	
	모둠활동이나 수업 활동시 보완이 필요한 경우	반 　 번 　 이름 반 　 번 　 이름
	칭찬하고 싶은 점과 바라는 점	

리그 결과지 작성

학년	반	번	이름	총점(15점)	최종등위	리그	대표	질문내용	응답여부(O,x)	응답수준(최상,상,중,하)
						1차 질문				
						2차 질문				
						3차 질문				

Tip. 심사를 위해 앉아있는 나머지 모둠은 상대 팀이 수업을 방해하는 행동을 했을 때 태클을 걸고 대결 기회를 다시 얻음

붓과 파렛트만 있으면

마음대로 그릴 수 있는 동굴이 없잖아

인터넷에 빌렌도르프의 비너스를 검색하면 다음과 같은 내용으로 조각상과 함께 백과사전에 소개된다.

빌렌도르프의 비너스(Venus von Willendorf)는 1908년 오스트리아 니더외스터라이히 주 빌렌도르프 근교의 구석기 시대 지층에서 고고학자 요제프 촘바티가 발견한 11.1 cm 키의 여자 조각상이다. 그 지역에서 나지 않는 어란상 석회암으로 만들어졌으며 석간주로 칠해졌다.

1990년 조각상 발견지점 주변 유적의 층위를 조사해 분석한 결과에 따르면 이 석상은 2만 2000년에서 2만 4000년 전에 만들어진 것으로 추정된다. 왜, 어떻게 만들어졌으며 문화적으로 어떤 의미가 있는지에 대해서 알려져 있는 것은 매우 적다. (생략)

빌렌도르프의 비너스를 보여주면 아이들은 웃는다. 나도 반은 재미 삼아서 칠판에 빌렌도르프비너스 모습과 밀로의 비너스 모습을 닮은 그림을 양쪽으로 대충 그려 놓는다. 아이들은 더 재미나게 웃으면서 시끌벅적하다.

내가 아이들에게 물었다.

웃겨요?

네. 저 여자 몸이 왜 저래요.

원시시대는 지금처럼 작가가 따로 있었던 것도 아니고 언제, 누가, 왜 만들었을까요?

음식이랑 바꾸려고요.

무기를 만들려다가 우연히 나온 형태를 따라 만들어진 것이에요.

이상형을 만들었어요.

족장에게 잘 보여서 먹을 걸 얻으려고요.

여자 조각가로서 자기가 원하는 몸이에요.

자신이 생각하는 아름다운 여인을 마음속에 남기고 싶어서요.

믿고 의지할 데가 없어서 조각상을 만들어 정신적으로 의지했을 거예요.

먹을 것에 대한 풍요를 상징하고 바란 것이에요.

장식품이에요.

신으로 여겼어요.

노동력을 위해서 애를 많이 낳아야 하기 때문이에요.

임신상태예요

외계인이에요

좋아하는 여자예요

아기를 많이 잘 낳기를 바라서 만든 거예요.

고대인이 비너스를 만든 이유는 다양하게 추정해 볼 수 있다. 유희, 지적인 욕구, 종족보존본능, 미적본능, 호기심, 모방, 놀이, 인간에 대한 의문, 재료에 대한 이해와 적절한 사용 기술의 발달 등이 그것이다.

생존과 사회적 역할이 먼저인지 놀이와 유희적 본능이 먼저인지는 알기 어렵다. 그러나 유희가 빌렌도르프의 비너스를 탄생시키는 핵심적인 요소임에는 분명하다. 인간의 욕구를 숨김없이 보여주는 어린아이들이 무심코 긋는 낙서들을 보면 쉽게 이해할 수 있다. 어린아이의 낙서 행위는 어떠한 이해관계도 개입되지 않고 아이 스스로가 본능적으로 행하는 것이다. 낙서놀이에 한참 몰입해 있는 아이에게서 갑자기 도구를 빼앗기라도 한다면 십중팔구는 울음을 터트릴 것이다.

비너스를 만든 고대인도 비너스를 만드는 것 자체가 유희와 놀이가 아니고 도구를 억지로 쥐어 줬다고 가정하면 비너스는 탄생하지 않았을지도 모른다.

고대인들이 당시에 빌렌도르프의 비너스를 조각하기와 같은 좀 더 고차적인 유희를 즐기기 위해서 지적인 문제도 해결해야 했을 것이다. 돌이라는 재료를 이해하고 경험해야 할 것이고 돌을 깨는 도구를 사용할 수 있어야 한다. 그뿐 아니라 살아있는 비너스의 형상과 재료를 클로즈업하는 능력도 있어야 한다. 또 종족을 보존하고자 하는 숨은 욕망도 필요하다. 먼 과거의 이야기지만 당시로서는 모든 조건이 자연발생적으로 맞아 떨어져야 가능한 역사적인 혁명과도 같은 것이었다. 그러나 혁명과도 같은 상태를 이끈 것은 한 개인의 놀이와 유희 그 자체 안에 있다.

우리는 고대인과 무엇이 다를까? 환경이 달라졌을 뿐 인간은 유기체로서 여전히 자연의 일부이다. 또한 자연의 일부로서 살아감의 순간을 즐기는 주체는 그대로 자기 자신이다. 신성한 유희와 놀이는 인간의 삶에 당연히 동반되어야 하는 권리와 같은 것이다.

인간이 본래 가지고 있는 다양한 욕구나 본능은 바로 지금 여기 놓여진 환경 내에서 해소하거나 채우면서 살아가야 한다는 의미이기도 하다.

현재 아이들의 현실에 비추어서 미래에 좋은 직업을 가지고 돈을 많이 벌어야 하니까 지금은 많은 것을 참고 공부에 집중해야 하는 것이라기보다 바로 지금 여기에 있는 내가 학습하는 과정이 유희나 놀이 자체로서 즐거워야 한다.

고대인과 마찬가지로 현재의 사람들도 거대한 힘들에 의해 조작된 욕구나 욕망이 아닌 개개인들이 중심이 된 내면적 갈증에 의해서 욕망되어야 하고 그런 과정에서 무엇인가를 발견해 내거나 알아가거나 창조하는 즐거움으로 살아가야 하는 것이다. 개인은 무엇으로 소비되기 전에 자신의 삶을 살아가는 존재이기 때문이다.

아이들 일상 1

영심의 일과> 영심은 아침에 일어나서 아파트라는 집을 나와 상가가 즐비한 곳을 지나 학교에 왔다. 수업시간에 영심은 미래사회에 사회활동에 필요한 지식을 배우고 소통과 협동하는 능력도 길러나가고 있다.

영심의 수업시간은 교육부가 고시한 교육과정의 영역에 있다. 교육부는 현재와 미래에 국가의 체제존립과 부강한 경제를 위해 교육과정을 마련하고 개인(영심)은 교육부 산하 제도권 내의 학습을 자아실현의 수단으로 이용한다.

한편 OECD에서 미래사회에서는 이러한 역량을 갖춘 사람이 필요하다고 발표하면 교육계는 빠른 발걸음으로 OECD에서 발표한 미래 역량에 맞추어 교육과정 내용을 재편한다. 학교에서는 사회에서 필요한 인간의 유형을 만들어낸다는 명목으로 교육과정이라는 틀을 모든 학생들에게 일률적으로 적용한다. 사회에서 요구하는 인간이 마치 OECD가 요구하는 역량을 갖춘 인간이 전부인 것처럼 생산능력적으로 도구화시킨다. 교육되어야 할 대상자들은 OECD의 기준에 맞춰 세팅되는 것이다.

이 모든 것의 꼭지점은 경제에 있다. 국가는 부강해져야 하고 국가에 소속된 개인은 경제 상태에 따라 누릴 수 있는 모든 혜택과 가능성을 담보로 제도권 안에 소속된다. 경제 수준이 높아진다면 모든 것이 다 해결될 것 같다. 교육을 통해서 부를 만들기 위한 능력들을 요구하고 그것이 전부가 된다. 이러한 현상이 교육과 개인을 단지 경제활동에 부속시키도록 부추기는 역할을 하는 것은 아닐까?

누군가 만들어 놓은 꼭지점을 모두의 꼭지점인 양 일원화시키고 성공신화를 위한 성능 좋은 도구가 되기 위해 경주를 하는 사이에 우리는 겉모습은 다르지만 한 가지만 쫓아가는 다 같은 좀비가 되어버리는 것은 아닐까? 이 상황을 피할 수 없다면 즐기기라도 하든지 적극 가담해야 하는 걸까?

모든 사람이 생산을 위한 도구들로 소비되다가 생을 마쳐버린다면 개인이라는 존재는 어디에 있는 것이며 '삶을 산다' 또는 '삶을 누린다'고 말할 수는 없을 것 같다.

영심의 하루에 대해서 수민의 일과로 반론할 수도 있다.

수민의 일과> 수민은 아침에 일어나서 아파트라는 집을 나와 상가가 즐비한 곳을 지나 학교에 왔다. 수업시간에 수민은 미래사회 사회활동에 필요한 지식을 배우고 소통과 협동하는 능력을 기르며 사회인이 되어갈 준비를 갖추고 있다.

수민의 학교 수업은 교육부가 고시한 교육과정의 영역에 있다. 국가 차원에서 제공되는 포괄적인 교육과정은 수민이 다니는 학교의 세부적인 교육과정의 가이드라인이 되며, 수민의 교육 목표, 학습 내용, 평가는 이 교육과정의 범위 내에서 이루어진다. 수민의 교육 목표는 일상생활에 필요한 능력을 기르고, 바른 인성을 갖추며, 민주 시민의 자질을 갖추는 것이다. 이는 사회인으로서 독립적으로 살아갈 수 있는 능력을 기르고, 자아실현을 통해 행복한 삶을 살아갈 수 있도록 토대를 다지는 과정이다.

좁은 범위에서 개개인의 건강한 사회성 함양과 자아실현을 통한 행복한 삶의 영위는 넓은 범위에서 국가의 경제적 발전과 국가의 위상을 높이는 자양분이 될 것이다. 수민은 교실이라는 작은 사회에서 친구들과 배려와 협동, 때로는 경쟁을 통해 사회성을 습득하고 있다. 수민은 자신이 좋아하는 그림을 그리고, 색감과 구성이 좋다고 말하는 친구들의 칭찬과 선생님의 감탄 소리에 만족감과 행복감을 느끼며 막연히 미래의 꿈에 대해 생각해 보았다. 수민은 세상 그 어디에도 없는 새로운 자동차를 디자인하고, 세계 여행을 하며 자신이 디자인한 자동차를 각 나라에서 보는 상상을 하며 옅은 미소를 띠었다.

수민의 1교시 수업은 사회이다. 수민의 사회 선생님은 오늘 여섯 가지 핵심 역량 중 심미적 감성 역량과 의사소통 역량에 초점을 맞춘 수업을 설계하셨다. 사회 선생님은 학생들에게 '제주도에 온 난민에 대한 찬반 토론'을 하도록 하셨다. 수민은 토론 과정에서 난민들에 대한 연민과 인간에 대한 존엄성을 깨달으며 심미적 감성을 기르게 되었고, 다른 친구들의 의견을 경청하며 의사소통 능력을 배우게 되었다.

수민의 2교시는 수학이다. 수학 선생님은 영어 알파벳에서 모음이 나올 확률을 계산하는 방법을 가르쳐 주셨다. 수민은 이 수업에서 일상생활에서 확률을 적용하는 방법을 배웠고, 자리 뽑기에서 자신이 원하는 맨 뒷자리를 뽑을 확률을 계산해 보기로 하였다. 지식 정보처리 역량을 배운 것이다.

수민의 교과 선생님들은 국가의 교육과정이 제시하는 큰 테두리 안에서 각기 다른 역량을 기를 수 있는 수업을 설계한다. 학습 목표와 내용을 달리한 다양한 수업을 통해 수민과 수민의 친구들은 각기 다른 역량을 키우며, 경험이 반복되고 누적됨에 따라 각기 다른 역량에서 강점을 보이고 또한 약점을 보인다. 개인차가 생기기 시작하는 것이며 다양성이 나타나기 시작하는 것이다.

학교 급이 올라감에 따라, 시간이 흐름에 따라, 또는 경험이 달라짐에 따라 개인차는 보다

뚜렷해지고, 그 간격은 급격히 커진다. 수민과 수민의 친구들은 자신의 역량에 따라 각기 다른 방향으로 성장한다. 어떤 친구는 청소년기에 제도권 밖으로 탈출하고, 어떤 친구는 고등학교를 마치고 산업 현장에 뛰어든다. 그리고 대부분의 친구들은 더 좋은 직업을 갖기 위해, 또는 자신의 꿈을 실현하기 위해 대학을 가고, 윤택한 가정이라면 유학을 가기도 한다. 대학을 졸업한 사회 초년생들은 자신의 장래희망이었던 직업을 선택하기도 하고, 장래희망을 찾아가기 위해 더 많은 시간과 노력을 불투명한 미래에 투자하기도 한다.

수민의 친구들은 그들만의 리그를 거쳐 무직자에서부터 건설 노동자, 대기업 회사원, 공무원, 간호사, 의사, 경찰, 교사, 판사, 요리사, 자영업 등 다양한 직업을 갖게 된다. 개개인들은 수년간의 시간을 통해 형성되고 이미 굳건하게 굳어진 사회 구조 또는 계층에 소속되며, 각자의 자리에서 경제활동을 수행한다.

경제활동은 수민의 자아실현의 도구이다. 수민이 경험한 모든 시간의 종착점은 자아실현이다. 자신의 자리에서 자신의 능력을 충분히 발휘하여 만족감과 행복감을 느끼는 것이 삶의 목표가 되는 것이다. 개인의 경제적 상태는 자아실현에 영향을 미칠 수 있다. 경제 상황에 따라 자아실현의 정도나 속도에서 차이가 날 수 있을 것이다. 그러나 경제 수준이 높다고 해서 모든 것이 해결되지는 않는다. 개인의 경제적 능력은 자아실현 과정의 부속물에 지나지 않으며 그것이 목표가 될 수는 없다.

수민은 세계적인 자동차 디자이너가 되는 것이 꿈이지만 자신보다 미술과 디자인에 재능이 많은 사람들이 세상엔 수도 없이 많다는 것을 깨닫게 되었고, 지방의 작은 디자인 회사에 취직하게 되었다. 급여가 많을 리 없다. 그러나 수민은 자신이 좋아하는 분야에서 일을 하는 것에 만족감을 느낀다.

오늘은 월급날이다. 수민은 적금 통장에 자동이체가 되었는지 확인했다. 이 적금 통장은 수민의 꿈 통장이다. 적금이 만료되면 서울에 가서 디자인 학원을 다닐 계획이다. 다달이 불어나는 통장의 잔액을 보며 수민은 옅은 미소를 지었다. 그리고 잠시 동안 함께 학교에

다녔던 친구들은 어떤 꿈을 좇으며 살고 있을지 상상해 보았다.

몇십 년만의 폭염이 지나고 이제는 제법 시원해진 가을바람을 맞으며 출근하는 수민의 발걸음이 가벼웠다.

교육이 영심과 수민의 삶에 서로 같은 듯 다르게 적용되고 있음에 나는 혼돈스러웠다. 교육은 부를 축적하기 위한 도구로 인간을 사용되게 하기 위한 것, 즉 '노동의 수단인가, 아니면 자아실현의 수단인가'라는 두 개의 지점을 두고 어느 한 곳에 착지하지 못했던 것이다. 그 이유는 어느 한가지로만 똑 떨어지게 독립적일 수 없고 상호 의존적이기 때문이다. 그렇다면 개인이 할 수 있는 것은 자신에게 가장 적합한 것을 위주로 선택해 가는 것이다.

선택을 위한 조건들은 개인이 무엇을 원하느냐에 있을 것이고 개인들의 욕망은 다양하다. 정치와 자본을 소유한 인간, 소속된 인간, 체제와 자본으로부터 비교적 자유로운 인간 등 여러 가지 삶의 유형 중에서 어떤 삶을 살 것인가는 각자가 선택해 가야 한다.

그런데 소속과 자유와 자본과 권한이 특정 소수에게 편중되어 있고 개인이 선택할 수 있는 범위가 불투명한 사회라면 또, 자신이 원하는 것을 선택하고 즐기며 살아가기 위해서 어디에도 의존할 수 없는 사회라면 어떻겠는가. 특정 소수를 제외한 대다수의 사람들이 살만한 사회라고 말할 수 있을까?

수민이가 자신의 꿈을 이루어가는 토양이 지나친 경쟁으로 삶을 지치게 하고 남도 믿을 수 없어 의지할 데도 없다면 또 자기다워지기도 어렵다면 어떨까? 설사 수민의 꿈이 이루어지고 있다고 해도 삶의 순간순간을 행복하게 영위해 갈 수 없는 삶은 좋은 삶이라고 할 수 있는 것일까? 혹, 특정인들만의 잔치를 위해 누군가 개개인의 욕망을 하찮은 것으로 치부하고 교육을 내세워 우리 모두를 지나친 경쟁으로 이끄는 것은 아닐까?

아이들 일상 2

아이들이 학교를 벗어나서 학교 밖 세상으로 나갈 때도 크게 달라질 것은 없다. 버스, 상가, 학원, 아파트, 학교 밖 세상에서 학생은 영업이익을 창출할 수 있는 고객들이다.

자연환경 대신 상가들이 즐비하고 그 곳은 소비할 물질로 꽉 채워져 있다. 학생들이 학교 밖으로 발을 디디는 순간 생산 도구들이 생산해 낸 물질을 전시하고 판매하는 세상으로 나가게 된다. 상품화된 물질로 유희를 즐기라고 하고 또 그것이 학교 안에서든 학교 밖에서든 놀이의 주재료가 된다.

그룹 댄스(부족들의 춤), 패스트푸드점(열매), 화장품 가게(부족들의 표시로 천연물감을 얼굴과 몸에 바르던), 노래방(노래), 편의점, 옷가게, 영화관, 게임(피시방) 모든 것이 자연을 대체하여 생산과 수익을 위한 포자처럼 퍼져 있다.

그것으로 끝이 아니다.

놀이의 주재료를 친구들과 함께 공유하지 못한다면 별종이나 외계인 취급을 받으며 소외되기 십상이다. 원시시대에는 사냥놀이, 전쟁터에서는 전쟁놀이를 하는 것과 같이 현재는 게임과 화장놀이가 주를 이루는 것은 어쩌면 당연한 것이다. 여학생들은 쉬는 시간을 거울 보고 화장 고치는 시간이나 댄스의 시간으로 소비하고 남학생들은 게임의 시간으로 소비한다. 발각되는 날엔 자신에게 어떤 불편함이 닥치는 것을 분명히 알면서도 교탁 부근에 설치된 컴퓨터를 결코 그냥 두지 않는다.

학교에서 학원숙제는 남녀 공통이다.

우리 아이들은 제한된 도시, 규격화된 집, 제한된 공간의 학교에서 생활하고 적은 돈을 들여 많은 이익을 볼 수 있도록 만들어진 상품들에 둘러싸여 있으며 상업화가 끼어들어 노는 방식을 결정하고 그것이 친구관계를 결정하는 한계 안에서 맴도는 것이다.

과거와는 다르게 제2의 환경에도 노출되어 있다. 넓고도 생생하지만 결코 생생하지 않은 세계가 사각의 틀 안에서 내가 놓인 공간과 다른 거의 모든 것을 보여준다. 여러 세계를 전자적 기록으로 남기고 연결하여 손만 뻗치면 닿을 수 있는 곳에 어디까지나 가상으로서 뇌를 자극하는 영역에 넣어둔 것이다. 일종의 꿈과 유사하여 전원을 끄면 그만이다. 그것은 살아 있는 존재로 생생하게 살아내는 것이라기보다는 편리성이나 오락성을 제공하면서 거대한 시장의 역할을 하는 가상적 집합체라고 말할 수 있을 것이다.

온라인 시장에서 아이들이 주로 이용하는 것은 오락적 콘텐츠가 대부분이다. 오락이 꼭 나쁘다고 말하기는 어렵다고 하더라도 가상과 현실은 돈을 지불하고 붕어빵을 사먹는 것과 강에서 직접 붕어를 잡아 요리해서 먹는 것과 비교될 수 있을 것이다. 붕어빵이 아무리 형형색색이고 다양한 맛이라도 살아있는 붕어를 깊은 강에서 직접 잡아서 요리해 먹는 것과 같을 수는 없다.

부모와 교사들은 미래에는 고기로 만든 붕어빵을 사먹을 수 있다는 보장되지 않은 가상 희망을 전제로 아이들에게 지금 여기에서 노력하고 인내하며 고통을 견디라고 말한다. 아이들의 욕구와 욕망, 희열은 이미 재단된 형태로만 배출 가능하며 보장할 수 없는 영광은 먼 미래에 있다고 말한다.

이런 아이들을 보면서 나는 때로 엉뚱한 생각을 하기도 한다. 중학생들도

1일 4교시만 수업하고 나머지는 온 몸으로 부딪쳐야 사는 진짜 밀림으로 보내고 싶은 생각을 하는 것이다. 원시인과 MOU를 맺고 한 달에 일주일이라도 공간을 바꿔서 학습해볼 수 있다면 좋겠다는 황당한 생각을 해보기도 했다.

캔버스 같은 나, 바디페인팅

원시부족은 자신만의 종족표시로 바디페인팅을 하고 단체 댄스활동을 하며 제를 올리거나 죽은 자와 소통을 시도하기도 한다. 바디페인팅으로 자신의 정체성을 분명하게 드러낸 후 현대의 중학생과 원시시대 사람이 되어 대화를 시도해 보자.

원시인들의 바디페인팅이나 자연물을 이용한 장신구들이 자기종족의 정체성을 표현하는 하나의 방식이듯 현대의 화장과 타투, 장신구도 자기를 표현하는 하나의 방식이 될 수 있다.

모두가 통일된 방식으로 살고 있는 세계에서 조금이라도 벗어나면 큰일이라도 날 것 같지만 아프리카나 아마존 원시인들과 세계 곳곳의 오지에서는 문명세계와 관계없이 자신들만의 방식으로 자신들만의 세계에서 잘 살아가고 있다. 우리도 한번쯤 허용된 일탈을 시행해 보자. 마음대로 사용할 수 있는 유일한 자원인 몸으로 원시인이 되어보는 것이다. 공식화된 화장 말고 피카소처럼, 뱅크시처럼, 고흐처럼 자신의 방식으로 생각을 표현해 보는 것이다.

각자 여러 가지 이유로 화장을 찬성하거나 반대하지만 우리는 즐거운 놀이가 목적인 것처럼 남녀를 불문하고 원시인 화장을 해보자. 화장의 원조 격이라고 할 수 있는 바디페인팅을 해보고 원시인의 페인팅과 현재 나의 화장이나 장신구에 대해서도 생각해보자. 뱅크시, 피카소, 고흐처럼(화가처럼) 수업 후에 화가들의 그림을 바디페인팅 그림으로 활용해도 좋다. 자신이 원시종족의 족장인 것처럼 종족의 정체성을 대표해서 바디페인팅해도 좋다.

표현 조건

- 10×20센티 이상이 되도록 신체의 부분에 페인팅하기
- 자신이 ○○족의 족장으로서 ○○족의 정체성이 드러나도록 페인팅하기

수업 후 과제

과제1. 페인팅 후 언어가 없던 시대, 빙하시대 동굴로 돌아가 말을 사용하지 않고 진짜 원시인이 되어 소통하는 장면을 동영상 1분 내외로 찍기(4~6명 모둠).

과제2. 현대인(중학생)의 위치에서 원시인이 살아가는 데 도움되는 한 가지 이야기

현대의 중학생으로 살아보니 이런 점이 어째서 좋더라. 너희도 따라해 봐

과제3. 현대인(중학생)이 살아가는 모습을 보고 원시인이 조언한 한 가지

원시인 입장에서 현대의 중학생인 너희들을 보니 꼭 그러지 않아도 되는데

이러이러하게 다르게 살아도 되는데, 너희도 우리처럼 살아봐.

과제4. 원시인과 비교해서 지금 우리에게 화장이나 장신구는 어떤 의미인지 화장의 의미 찾아오기.

나는 왜 화장하고 장신구를 하는가? 친구들은 왜 화장하는가?

과제2~4에 대한 아이들의 답변 중 몇 가지를 소개하고자 한다.

과제2. 원시인아. 너희도 따라해 봐

- 자동차가 있어서 빨리 이동할 수 있어. 편의시설도 좋고

- 휴대폰으로 다양한 기능을 사용할 수 있어서 편리하다.

- 핸드폰, 언어, 먹을거리, 컴퓨터가 있어서 좋아.

- 현대에는 맛있는 음식과 편리한 기구들이 참 많아서 좋다.

- 현대의 중학생으로 살아보니 인공지능이 발달해서 몸을 쓰거나 시간을 들이는 걸 줄일
  수 있어서 좋다.

- '돈'이라는 것을 써봐, 앞으로 편하게 살 수 있을 거야.

- '종이'를 사용해봐, 삶이 재미있어지고 무엇이든 적고 싶은 거 쓸 수 있잖아.

- 부싯돌 말고 라이터를 사용해봐.

- 인터넷을 사용하면 사냥하지 않아도 고기를 살 수 있습니다.

- 양치를 하면 상쾌해.

- 게임이 제일 재미있음.

원시인들의 생활과는 달리 편리한 생활을 위한 도구, 음식, 놀이 등 현대
문명의 발달이 가져온 편리함을 자신의 생활에서 즐기고 있다는 사실을 새
삼 확인해 보았다. 그런데 현대문명을 전혀 알지 못하는 원시인들이 자신의
생활이 불편하다는 것을 알기나 했을까? 편리함만을 추구하는 현대인들은
좋기만 할까?

- 자유롭게 그림으로 자신의 의사를 표현하는 게 재미있다.

- 말을 못하니까 다른 표현력이 좋을 것 같다.

- 말과 언어를 만들어준 조상들에게 감사한다.

- 언어를 사용하니 서로 의사소통이 가능하고 활발해져 좋고 편의시설이 발달되어서도 좋다.
- 몸으로만 의사소통하려 하지 말고 언어를 만들어서 사용해봐.
- 수학을 이용해서 수를 쓰고 글이나 말을 사용하면 편리하다. 말을 하는 방법을 알려주고 싶다.
- '언어'라는 것을 사용해봐, 어떤 것을 표현할 때 행동으로 하면 각자 다 다른 생각을 가질 수도 있으니까 무엇으로 말할지 정확히 정하고 의사소통을 해봐. 정말 편리해.
- 현대의 중학생으로 살아가며 다양한 제스처, 언어 등을 쓰는데 그것들을 쓰면 의사소통과 감정교류가 되어 단체생활이 편해지고 협동을 하여 큰 성과를 낼 수 있어. 너희도 너희들만의 의사소통 방법을 생각해보면 좋을 것 같아.
- 여러분들만의 언어를 만들어 소통하고 서로 화합하여 협동하세요. 그리고 자신이 중요한 존재라고 생각하세요.

중학교 1학년이 현대문명을 누리는 큰 형님으로서 문명의 신생아들인 원시인에게 언어를 통한 의사소통, 감정교류, 협동, 화합, 성과를 조언하고 자신이 존귀하다는 자의식까지 심어주고 싶어 했다.

- 사회의 발달로 지금의 중학생으로 사는 게 편한 것 같아. 너희들도 부족을 위해 많은 것을 찾아보고 경험해봐.
- 계획적인 일을 해봐. 중학생이 되니까 규칙적인 생활이 가능하더라. 너네들도 규칙적인 생활을 해봐.
- 싸우려고 하지 말고 공감하며 살자.
- '긍정적인 시각'을 사용해봐. 일상생활 또는 인생에 매우 큰 도움이 될 것이고 행복해질

수 있을 거야.

생각과 경험의 피라미드, 문명의 꼭대기에 사는 중학교 1학년, 이 생각들은 정답일까?

과제3. 원시인이 현재의 중학생에게

- 현대인이 원시인으로 살아보니 현대인의 삶에 비해서 비교적 자유롭다는 점이 좋은 것 같다. 대부분의 현대인이 중학생은 학교, 학원을 다니며 반복되는 일상을 사는데, 틀에 박힌 삶을 살지 않는 원시인들은 더 재미있게 사는 것 같다.
- 학원을 안 가고 멍청하게 살 수 있는 게 편해서 좋다.
- 공부로 스트레스 받지 말아라.
- 실생활에 꼭 필요하지 않은 것은 좀 놓고 살아라.
- 너희들이 왜 그렇게 열심히 공부를 하며 스트레스 받는지 이유를 생각해 보는 게 어때? 나는 많은 아이들이 똑같이 공부를 하는 모습에 정말 대단한 목적이나 이유가 있을까 하는 의문이 들거든.
- 학원에 너무 매달리지 말고 너의 행복을 추구하며 살아라.
- 너무 학원에 잡혀 산다. 최대한 많이 놀고 하고 싶은 건 마음껏 해.
- 수행평가, 학습태도, 학교로 인한 걱정, 스트레스가 이만저만이 아니더라.
- 너무 공부만 하지 말고 쉴 줄도 알아라. 왜 그렇게 단조롭게만 살아가는 거야 나처럼 놀아봐.
- 너무 공부에만 힘쓰는 것 같다. 여유롭게 살아. 자연 속에서 마음껏 뛰어놀기를 바라.
- 원시인의 입장에서 현대의 중학생인 너희들을 보니 꼭 공부만이 살 길이 아닌 것 같다고 생각해. 너희도 공부에만 집중하지 말고 여가시간을 보내봐.

- 공부만 하려 하지 말고 나처럼 자유롭게 하고 싶은 것을 하면서 살아. 인생을 즐겨. 스트레스 받지 말고 너의 꿈을 이루고 즐겨.

- 지칠 때나 힘들 때엔 노래하며 춤추며 즐기는 것도 좋은 방법이다.

- 너흰 너무 폐쇄됐어 자유로운 감정도 느껴 봐야지.

- 너무 학교생활에만 열중하지 말고 자기 자신의 건강을 지키는 데도 열중해.

- 너무 조건이 많고 설명할 게 많은 것보다는 단순하게 생각을 비우고 살면 저절로 행복하게 될 거야.

- 우울해 보이니 웃으며 긍정적으로 살아. 현재 일에 너무 얽매여 있는 것 같으니 마음을 편하게 가져, 자유롭게 하고 싶은 거 하고, 친구를 소중하게 생각해.

- 틀에 갇혀 살지 말고 특별하게 살아봐. 자유롭게 사는 것을 즐겨. 니가 진심으로 행복할 수 있는 것을 찾아봐. 여유롭게 살아봐 그러면 좀 더 행복하게 살 수 있을 거야.

- 원시인이 말했다. '너희는 너무 틀에 갇혀 살아', 학생이 말했다. '그럼 어떻게 하죠?'. 원시인이 말했다. '너희 할 일도 하며 취미생활도 하며 살아봐~!'

- 우리들처럼 가지고 싶거나 먹고 싶은 것을 직접 얻어서 만들면 더 재미있고 보람 있겠다고 조언할 것 같다.

- 중독이 심해져서 원시인생활이 더 좋다. 너무 전자기기에만 의존하지 마.

- 게임만 하니까 눈도 나빠지고 건강이 나빠지지. 게임 좀 그만해.

- 전자기기 사용을 좀 줄여라. 나가 놀아라. 규칙적인 생활을 해라.

- 깊은 생각을 가지고 살아.

- 착하고 고운 말을 써라.

- 좀 더 협동하며 공동체로 사는 것이 좋을 것 같아.

- 많은 사람들과 어울려 지내봐.

원시인이 중 1에게 하는 말들에는 학원, 틀에 갇힌 학교에 매인 단순한 생활 속에서 몸과 마음이 짓눌린 복잡한 속내가 드러난다. 조금 더 편리하고 조금 더 누려야 하기에 학교와 학원은 가야 하는데 몸과 마음은 지쳐만 간다. 이렇게 풀기 어려운 고리를 어떻게 풀며 살아가야 하는 것일까? 원시인들이 중학생에게 제시한 방법들도 해법이 될 수 있을 것 같다.

과제 4 결과. 화장이나 장신구를 하게 되는 이유

- 지금 우리에게 화장의 의미는 예뻐지기 위한 수단인데, 원시인들에게 화장은 노래하고 즐기기 위한 방법에 가까운 것 같다.
- 원시인은 종족표시, 지금은 예뻐 보이고 단점을 가리려고 화장.
- 예뻐지고 멋있고 싶어지는 본능 때문.
- 순전한 자기 만족이고 누군가 맘대로 하지 말라고 할 자격은 없는 것 같다.
- 자신을 내세울 수 있을 준비, 자기만족.
- 원시인은 자신 부족의 정체성을 알리기 위한 것, 우리는 외모.
- 나 자신의 미모를 돋보이게 하는 것.
- 남자에게 잘 보이게 하는 것.
- 요즘은 외모지상주의기 때문에 꾸미려고 만든 수단인 것 같다.
- 원시인은 자신의 소속을 알리는 방법으로 화장이나 장신구를 이용하는 것 같은데 현재는 다른 사람에게 보이는 나의 모습과 나를 위해 꾸밈이 목적인 것 같다.
- 하얀 도화지 같은 얼굴에 내가 원하는 대로 꾸밀 수 있기 때문이다.
- 우리에게 화장이란 옷과 같은 것이다. 옷을 입지 않으면 부끄러운 것과 같은 원리이다.
- 원시인들은 무섭게 보이거나 족장의 권위를 표현하기 위해 꾸몄다. 현대는 자신의 얼굴을 더 이쁘게 하려고 꾸민다. 왜? 예쁜 게 권력이니까.

- 원시인의 페인팅은 권력과 위압감을 표현하기 위한 것이다. 현재 우리가 하는 화장은 자신의 존재감을 과시하고 더욱 돋보이며 예뻐보이기 위해 하는 것이다.

- 화장은 자신의 계급이나 외모 등을 표현하는 도구이다.

- 원시시대의 화장은 주위환경과 적들로부터 지키기 위한 중요한 방어수단이었다. 전쟁에 나갈 때 얼굴에 요란한 색칠을 한 것도 적들에게 겁을 주고 자신의 용기를 과시하기 위한 것이었다고 한다. 하지만 지금은 화장품을 바르거나 문질러 얼굴을 곱게 꾸미는 역할을 한다.

- 원시인은 자신을 보호하는 표시로 사용했고 우리는 외면의 모습을 더 화려하고 예쁘게 꾸미기 위해 사용한다.

- 원시인은 부족의 사상이나 종교의식을 나타내는 것이고 우리에게 화장은 자신을 꾸미고 돋보이게 하는 것이라고 생각한다.

- 간지나 보이려고.

- 위엄.

성장기적 욕망의 분출, 화장

아이들은 원시시대의 화장이 생존과 관련된 부족의 정체성과 권력을 표현하는 성격이 있다고 생각하고 있었다.

현재는 유희나 놀이, '아름다움은 권력이다'라는 광고 문구와 같이 어떠한 형태로든 권력을 쟁취하고자 하는 욕망과 심미적인 본능을 화장이라고 하는 형태로 드러낸다고 생각하고 있었다. 한편 패션처럼 유행하는 정형화된 화장이, 활동하기 위해서는 옷을 입어야 하는 것과 같이 꼭 해야 하는 필수적 행동 요소라고 생각하고 있기도 했다. 이렇게 화장은 이미 아이들의 일상이 되었다.

교사는 아이들의 진한 화장을 지우라고 말하고 아이들은 지우는 듯하다가 반나절이 지나기도 전에 다시 잠시 지움에 대한 보상이라도 하듯 좀 더 진함으로 대신한다. 교사는 다시 아이를 소환한다.

이렇게 실랑이를 하다 보면 사제 사이가 극도로 나빠지기 일쑤다. 교사는 아이들과의 사이 나쁨이 아무래도 견디기 어려워서이기도 하지만 자기 몸에 대한 권리와 표현의 자유라는 이름으로 화장을 허용하기로 한다.

대부분의 교사들이 학생 화장을 반대하는 이유는,

첫째는 너무 성숙한 모습이 낯설고 각종 문제에 노출될 가능성이 많아진 다고 생각하기 때문이다. 둘째는 아직 새싹의 상태인 빛나는 얼굴에 인공색과 화학 성분으로 도포해버리면 "투명하고 맑은 얼굴을 금방 잃어 갈 수 있을 텐데" 하는 안타까운 마음 때문이다.

가정에서는 부모에 따라서 자유롭게 키우고자 하는 입장과 아직 어린 학생이니까, 라는 보수적인 입장의 차이를 보이기도 한다. 기본적으로 반대하는 입장이 많지만 알고도 모르는 척, 때로는 화장품을 사주기도 하면서 아이의 의견을 따라주는 경우가 많다.

그렇게 아이들의 의견을 존중하다 보면 아이들이나 교사나 아이들의 여린 살을 덮고 있는 두껍고 진한 화장에 둔감해지기 마련이다. 화장품 공급자들은 만세를 부를지 모를 일이다.

사회에서는 화장품을 팔기 위해 아이들을 상대로 미디어를 동원하고 마케팅을 벌인다. 생산자나 공급자의 입장에서는 성인뿐만 아니라 아이들도 자신들에게 막대한 이득을 안길 수 있는 거대한 소비 집단이기 때문이다.

학생의 입장에서는 하거나 하지 않거나를 개인의 선택권 존중과 표현의 자유, 인권적 측면에서 바라보고 판단한다.

아이들에게 화장이 일상화되어버린 것은,

상업화된 미적 기준, 즐길 거리가 제한된 환경, 다양성이 배제된 경쟁이 외모 경쟁으로 전이되어 버린 결과는 아닐까? 자신도 모르는 사이에 스스로를 상품화하고 나만 안 하면 뒤처지는 것 같은 불안 심리를 추궁하여 꼭, 화장을 해야 하는 것처럼 세뇌된 것은 아닐까? 아이들에게 이래라 저래라 하기 이전에 짙어만 가는 화장이 가정과 사회 그리고 학교의 합작품이 아닌가 깊이 의심해 보아야만 한다.

아이들의 성장기적 욕망이 성인들의 욕망을 욕망하게 하여 화장이라는 형태에서만 자신을 표현하는 분출구를 찾지 않도록 자율성을 부여하고 수많은 다양성을 인정해야 한다. 꼭 진한 화장이 아니라고 해도 자신의 가치를 찾을 수 있는 푯대가 될 수 있는 학교와 사회, 가정이 되어가기를 희망한다.

미술실 옆 화장실 대형 거울 앞은 요즘 일학년 아이들에게 인기 좋은 명당자리다. 쉬는 시간마다 교복 주머니에 가득 채워온 아이쉐도우와 마스카라, 립스틱, 콤펙트 등 이름을 알 수 없는 것까지 가지고 와서 수업하는 동안 혹시나 지워진 화장을 고치거나 덧바르느라 바쁘기 때문이다.

예전 같으면 화장품이 압수의 대상이었지만 나는 아이들 옆을 무심한 척 지나치면서 "화장 안 해도 이뻐, 이뻐"라고 말한다. 아기 티를 겨우 벗고 중학교 1학년에 올라온 지가 어제 같은데 성인보다 진한 화장을 하고도 거울 앞에서 마스카라와 볼연지를 덧바르는 모습을 보고는 "거울 안 봐도 아주 이뻐"라고 말하면 아이들은 곧바로 "저도 알아요"라고 명랑하게 대답한다.

좀더 편하게 좀더 자유롭게, 교복 디자인

일년 내내 교복

아이들은 학교에서 일년 내내 교복을 입는다. 왜냐하면 학생다우니까, 자유복을 입으면 빈부의 격차가 느껴지니까, 부모의 경제적인 부담 때문에, 그 학교의 정체성을 위해서, 모두 평등하니까 차별받지 않기 위해서란다. 때로는 집단적 질서를 잡기 위한 방법이라고 말해지기도 한다.

셔츠 하나를 놓고도 허용하자, 허용하지 말자, 없애자, 그냥 두자, 혼란스러운 것은 교사도 마찬가지다.

학생들은 여덟시 무렵부터 네다섯 시 전, 후까지 교복을 입고 있다. 고등학생은 거의 저녁까지라고 해도 과언이 아니다. 그것도 방학을 제외하고 일 년 내내인 경우도 있고 방학을 제외할 수 없는 경우도 있을 것이다.

솔직히 중·고생을 둔 학부모 입장이었을 때는 교복으로 삼년을 버텨주는 것이 내심 고맙다는 생각을 하던 때도 있었다. 옷을 사달라는 아이와 벌여야 할 여러 가지 갈등, 학교에서 서로 다른 옷을 입음으로 야기될 수 있는 불평등이나 지도의 문제에 노출될 염려, 의복과 관련된 건강과 경제적인 문제 등에 신경을 덜 쓰게 되고 마음을 놓을 수 있었기 때문이었다.

그런데 아이들 입장에서 교복을 입는 것에 대한 생각은 많이 다른 것 같다.

학교나 부모 입장		학생 입장
학생은 학생다워야 한다	↔	학생다운 게 뭔대?
학교와 학생의 정체성을 위해서	↔	학생이 정체성에 의미를 두지 않고 원하지 않는데도
평등해야 하니까	↔	교복 안 입으면 평등하지 않은 건가?
여태 학교의 전통이니까	↔	전통도 현재를 위해서 의미가 있는데 학생이 원하는 게 아닌데 왜 전통을 강요하지
부모님이 교복입기를 원해서	↔	부모는 학생편
교육적으로 적당한 통제를 위해서	↔	집단생활이니까 자기 절제나 질서가 필요할 때가 있긴 하지만 통제는 지나간 시대의 언어 아닌가?
경제적인 문제	↔	교복 가격이 경제적인 가격이라고 말할 수 없다. 비싸다.

현대는 다품종 소량화 시대이다. 소비자가 옆 사람과 같은 옷이나 물건을 소유하거나 사용하는 것을 원하지 않는다는 것이다. 생각과 욕구가 다양해진 작금에 유독, 교복에 있어서만큼은 그러한 현실이 적용되기 어려운 무엇이란 결국 우리 의식의 문제일지도 모른다. 물질로서 우월과 열등을 표시하고, 질서와 통제를 조정하며, 물질로서 사람을 판단하는 우리가 만들어놓은 덫에 스스로 걸려드는 꼴이다.

이러한 환경에 놓여 있더라도 자신이 디자인해보고 만들어내는 교복 만들기로 나를 적절하게 표현하고 몸으로서 물질과 화해할 수 있는 작은 연결고리가 될 수 있을지도 모르겠다는 생각이 든다.

네 맘대로 네 스타일대로, '네' 것이 정답

　중등학교에서는 학년이 바뀌면 보통은 교과담당교사도 바뀌는 경우가 많다. 그래서 매년 만나는 아이들도 새로운 아이들이다. 교사는 아이들의 학습 성향을 다시 파악해야 하는 것이다. 나는 아이들과 새롭게 만날 때마다 이들에게 어떻게 접근하면 미술에 대하여 흥미를 갖게 하고, 하고 싶은 의지가 생기게 할 것인가에 대해 고민했다. 전에 하던 대로 교과서에 나오는 이론 수업을 먼저 하고 실기 수업을 진행하다 보면 아이들은 몸을 비비 꼬다가 잠을 자거나 떠들거나 돌아다니거나 화장실과 보건실에 가기를 원하거나 하는 등 정말 난감한 상황이 벌어지기 때문이다. 심한 경우에는 새 학년 첫 시간, 미술의 필요성에 대해 설명하고 있음에도 영어나 수학교재를 펴고 너무나도 당당하게 그 과목을 공부하는 아이들도 있다. 교사에게 학생들이 수업에 집중하지 않고 재미를 느끼지 못하며 딴짓을 하는 것보다 더 큰 고문이 있을까?

　학생이 수업을 통해서 뭔가를 배우고 끌어내며 즐거워하면 교사도 덩달아 행복하다. 같은 것을 전달하더라도 고문을 피하고 덩달아 행복하기 위해서는 뭔가를 생각해내야만 한다.

그러기 위해서는 평소 아이들의 삶과 밀착되어 있으면서 논란이 되는 가운데 각자가 한 가지쯤은 주장할 수 있는 소재를 의식했고 교복은 그 범위에 있는 것이었다.

교복착용에 대해서 학교나 교사의 입장과 학생의 입장이 첨예하게 대립되는 부분이 있기는 했어도 아이들이 교복입기를 거부하고 완전히 자유복으로 바꾸자는 생각은 아니었다. 아이들마다 약간의 차이는 있었으나 교복을 입어야 한다는 생각에는 크게 변함이 없었다. 그렇지만 자신들이 입기에 좀 더 편리하고 기능적인 교복이었으면 좋겠다는 입장은 분명했다. 이렇듯 교복을 착용하되 자신들이 원하는 교복 입기를 주장한다면 아이들이 생각하고 직접 디자인한 교복으로 바꿔보면 어떨까?

일단, 자신이 디자인한 교복을 착용한 모델을 입체적으로 완성하고 발표해 보기를 목표로 정해 보았다. 자신이 원하는 헤어스타일과 화장, 엑세서리 장착은 기본이다. 대담하게 변형시켜도 좋고 소재를 다양하게 사용해도 좋다. 가방도 신발도 양말도 자신의 것으로 브랜드화 해보라. 그것만으로는 전달이 미약하다. 어떻게 만들어야 하는지 비슷하게라도 구체적인 제시가 필요했다. 가끔 들르는 블로그에서 여러 가지 테마를 배경으로 한 미니어처들을 충분하게 보여주었다.

모델이 입을 옷은 무엇으로 처리해도 좋다. 한지도 좋고, 옷감도 좋고, 아예 지점토나 아이클레이로 옷까지 묘사한 입체를 만들어 나중에 색칠을 하든지 각자 좋은 방법을 선택해도 된다고 설명했다. 아이들은 어떻게 교복만들기를 시작해야 하는지 그때서야 조금은 감을 잡은 듯했다.

일주일 후, 두 번째 시간에는 각자가 생각한 남녀 춘추교복 아이디어를 스케치했다. 아이디어 스케치를 시작하기 전에 한 가지만 더 덧붙였다.

출처: (http://hanulsoblog.com)

"과거와 달리 초미세먼지, 중금속 비, 자외선, 오존, 지구 온난화에 따른 예측할 수 없는 날씨 등의 문제도 함께 생각해 보고요. 신재료와 3D 프린터기가 발달한 것도 생각해 보세요."

자신이 디자인한 교복을 자신이 고른 모델이 입도록 하는 것인데 기술발달, 환경오염, 날씨, 학생 자신이 원하는 색과 형태, 특수한 기능, 각자가 추구하고자 하는 것 등을 고려해서 완성해내는 것이다.

그 이외에도 여러 가지 자세한 설명이 필요하지만 교사가 너무 앞서서 이것, 저것 모두 제시하는 것은 우선 생략했다. 단서를 하나 달긴 했다.

"잘 만드는 것보다 더 중요한 것은 성의를 다하는 것, 보기는 그래도 성의를 다해서 열심히 하면 수행평가는 최고점이에요. 손기술에 너무 얽매이지 말고 성의를 다하면 됩니다."

중학교 2, 3학년에게는 어려운 과정이라는 생각이 절로 들 것이다. 하지만 아이들은 어렵다는 말은 하지 않았고 조금 갸우뚱 하더니 별 말 없이 대뜸 스케치를 시작했다. 대개가 생각하는 얼굴을 하고는 스케치에 열중이다.

막상 아이디어 스케치가 시작되면 사계절에 따라서 다른 천으로, 색은, 재질은, 두께는, 길이는, 무늬는, 특수한 기능 따위를 질문했다. 교과서에 크게 의지하지 않고도 자신이 입고 있는 교복에서 불편한 점, 개선되었으면 하는 점을 생각해 냈다.

두 시간여 지나면 대부분 아이디어 스케치가 끝난다. 다음 단계는 디자인한 옷을 입히기 위한 실제 모델을 스케치해 보는 시간이다. 어떤 포즈를 취하고 옷을 입을 것인지 스케치를 시작하는데 옆 친구들끼리 서로 모델이 되어주고 스케치한 후 그 위에 자신이 디자인한 교복과 액세서리들을 그려 넣는 작업을 진행한다. 서로 모델이 되어서 포즈를 취하고 스케치하는 과정을 퍽 재미있어 했고 집중도도 좋았다. 모델로서 상대가 원하는 포즈를 취하고 앞, 뒤, 옆, 위에서 다르게 스케치할 때까지 긴 시간을 움직이지 않고 기다려주어야 하고, 그런 친구의 모습과 자신의 모습이 평소와는 다른 재미를 느끼게 한 것 같았다.

이렇게 모든 스케치 과정이 끝나면 지점토나 아이클레이로 교복 입은 인체를 입체로 완성해 간다. 미니어처인데도 점토로 입체화하고 옷을 입히거나 칠하는 데 네 시간 이상 소요된다. 네 시간이면 일주일에 한 시간이니까 한 달이다. 그러고도 시간이 부족하다고 아우성이다.

아직도 기초 단계에 머물러 있는 학생도 있다. 좋은 생각들은 있으나 노작에 익숙하지 않은 것과 '나는 원래 미술을 잘 못해'라는 관념이 발목을 잡고 자신의 결과물은 정답이 되지 못할 것이란 두려움이 머릿속을 점령하고 있어서다.

이런 관념을 완화하기 위하여 이렇게 말한다.

"꼭 언어가 화려하다고 감동적인가요? 때로는 투박한 언어도 감동적일 때가 있어요. 다른 사람 눈치 볼 것 없어요. 자기 스타일대로 노력해보고 성의를 다 하면 됩니다. 특히 미술은 영어나 수학처럼 딱 떨어지는 정답이 있는 것도 아니고요. 정답을 원하지도 않아요."

이런 말을 새로운 작업에 들어설 때마다 입에 달고 사는데도 아이들은 쉽게 받아들이지 않는다. 그래도 대부분 완성하지만, 완성하지 않은 경우도 더러 있다. 너무 어렵지 않나, 라는 처음의 염려와 상관없이 비교적 긴 작업에 대한 준비물 유지와 교실에서 보관 문제가 아이들 성향과 맞물려 완성에 이르는 데 장애가 되는 경우가 그것이다. 또, 한 가지는 집안의 외동아들이 미술을 한다고 하면 일가친척을 포함한 온 집안이 발칵 뒤집히는 사건과 함께 없던 일로 되돌아가는 정서가 아직까지도 통하는 것이다. 미술활동이 직업으로 연결되는 것을 가능하면 피해가야 하는 부모의 입장이 아이들에게 전이되어 그것쯤은 안 하거나 못해도 괜찮은 일이 되는 것이다.

미술시간의 수행평가 과제물은 일주일에 한 시간인 수업 시간에만 수행되어야 한다는 내용은 평가규정에도 명시된 경우가 많고 만약 고사기간 전에 수행평가가 겹치기라도 한다면 학부모로부터 민원이 제기된다. 학교 아닌 다른 장소에서 부모님이나 다른 사람이 도와주니까 공정하지 못하다는 이유도 있다. 또 다른 과목이 공부해야 하는데 시간을 많이 뺏기니까. 부모님이 야단하시니까. 중요한 과목은 아니니까 등등의 이유로 수업시간 이외에 수행이 이루어지게 되는 경우가 있어서는 안 된다. 그런 점이 좀 천천히 하는 학생들에게는 어려움이 되기도 한다.

그런데 왜? 몇몇 과목은 주당 수업 시간도 많은데다가 매일 일정한 시간 학원에서 수업을 더해야 하고 게다가 집에서도 학교에서도 짬이 있을 때마다 학원 숙제를 하며, 심한 경우에는 미술 수업시간 중에도 다른 과목 숙제를 해야 하는 걸까? 혹시, 학교 제도 안에서 교과목의 중요함과 중요하지 않음의 차이를 생산하고 임금 차이와 사회적 귀천의 문화로 흘러가게 하는 것은 아닐까? 동등한 가치를 인정하지 않는 제도와 문화는 분노를 동반한 혐오와 양극화를 부추긴다. 일주일 한 시간이라는 수업시간에, 투명 거미줄 같은 장애를 극복하고 완성에 이른 학생은 물론이고 완성에 이르지 않았다고 해도 단편적으로라도 참여하면서 아이디어를 내고 재료도 탐색해가며 다른 학생 발표를 잘 들어주는 것만도 고마워해야 할 상황이다.

내 몸이 원하는 것

아이들은 주로 도시적인 환경과 전자 미디어에 노출되어 있는 세대이므로 자연과 가까웠던 학창시절을 통과해온 어른들과는 다른 정서와 사고체계를 가지고 있을 것이다. 그렇다면 교사와 생각의 체계가 다른 세대를 어떻게 현재의 교사들이 교육하고 이끌어갈 수 있을까? 이끌어 간다는 표현이 무색할지도 모르겠다는 생각이 늘 머릿속 한켠을 차지하고 있었다. 그런데 교복 디자인하기 수업을 아이들과 함께 진행해 본 결과 나의 염려와 의구심은 기우였다. 아이들이 판단하고 만들어낸 교복의 세계는 그들만의 다른 세상이 아니라 현실의 장, 단점에 발을 디딘 개선이나 변화를 보여주는 것들이었다.

아이들이 상상할 수 있는 세계는 무엇이며 자기의 세계를 만들어 간다면 어떤 세계일까?

미술시간은 학생들이 자신을 표현한 것에 대해서 그럴 수 있음을 인정하고 그들의 이야기를 듣고 존중해야 하는 것임을 한번 더 확인했다. 개인과 개인, 세대와 세대간 다름이 있음을 서로 인정하고 이해하는 것, 서로 다름이 있는 곳에는 개선과 변화를 원하는 면도 있다는 것을 인식하고 다른 생각을 나에게 투과시켜 보는 것, 그것이 미술시간에 할 일이었다.

아이들마다 길게도, 짧게도 느껴졌던 제작 시간을 지나 발표시간이 왔다. 경제성, 심미성, 양질성, 기능성, 대중성을 기준으로 발표하되 학교 측에 내가 디자인한 교복을 어떻게 어필하여 일반화할 것인가를 말해도 좋다고 했다.

분명 쉬운 내용이 아님에도 아이들은 나름대로 머리를 짜내 훌륭한 결과물을 만들어냈다. 물론 만들어낸 결과물보다 해석이 화려한 경우도 없지 않았다. 아이들에 따라서는 조금 부담되는 시간이기도 했지만 활발한 아이들은 자신의 작품에 대해서 한마디라도 더 하고 싶어서 시간을 많이 사용했다.

아이들 발표 내용 중 현재의 교복 디자인이 개선되었으면 하는 점들

미적인 면

· 특수한 소재로 색이 바뀌게도 - 지루하니까

· 한복을 현대에 맞도록 개량한 경우

· 현재의 교복에 준해서

· 겨울에는 밝은색 털소재

· 색과 무늬는 다양하게

기능과 경제적인 면

· 마크 겸, 단추 겸, 학생증 겸, 교통카드 겸 스마트화된 교복

· 찍찍이나 고무줄 밴드, 똑딱이 탈·착 기능

· 길이 조절 가능하게

· 여학생 내의, 남학생 겨드랑이 비침 방지 천 사용

- 부드러운 소재, 후드티 스타일
- 시작 시간, 알림 사항 알리는 센서 시계 부착 – 학교용 인터넷 연결
- 남녀공용 치마나 바지 가능
- 치마바지
- 뗄 수 있는 구조의 속바지
- 뒤집어 입을 수 있게
- 자체 살균기능
- 넥타이로 마스크 변신
- 조끼와 셔츠 일체형
- 방수기능 후드티
- 땀 냄새 탈취기능, 방수, 통풍
- 나노 소재 이용 얼룩, 땀 방지

추위와 더위에 대한 대책

- 마 소재 여름 가디건
- 모 소재 겨울용은 에어 빼거나 주입으로 보온
- 열선, 냉각선 장착으로 냉온유지

현실화 방안

- 학생회 활용
- 자기가 디자인한 교복을 만들어 입는 방법을 생각해보는 안도 있었음.

교복 디자인 수업 후기

- 교복 디자인은 실생활에서도 흔히 입고 있는 옷을 디자인하는 것과 연관되어 있다. 그
  러므로 우리가 직접 사이즈도 측정하고 디자인하여 만드는 것도 나쁠 것 같지 않다.

· 솔직히 처음에 교복 디자인을 직접 하고 그 조소(인체 입체)를 만들어서 직접 입힌다는 것이 가능한 일인가 의심을 했다. 중학교 수준에 좀 무리인 듯 했다. 하지만 교복 디자인을 완성하고, 조소를 완성하고, 옷을 입히고, 눈, 코, 입을 그리고 완성하는 과정이 하나하나 뿌듯했다. 이 과정을 통해 어렵다고 생각할 일도 마음만 먹으면 할 수 있다는 것을 알게 되었다. 쉽게 생각한 일보다 더 뿌듯함을 느꼈다. 이처럼 불가능할 것 같던 미술 표현을 시도해 보는 재미를 마련해 주었고 반 친구들 그리고 나에게 귀중한 경험과 추억이 되었던 것 같다.

· 미술활동을 하면서 내가 좋아하는 것들을 더 많이 알게 되었고 내가 만드는 것을 좋아하다보니 싫증내지 않고 재미있게 인형을 만들었다. 인형을 만들면서 내가 입고 싶은 교복을 직접 디자인해보니 진짜 이런 교복이 있었으면 좋겠다고 생각해서 나중에 열심히 해 내 꿈을 이룸과 동시에 내가 생각한 대로 교복을 만들고 싶다.

· 이번 미술활동은 나에게 미술을 더 흥미있고 관심있게 만들었습니다. 이유는 이번에 자기가 구상한 교복을 만드는 활동에서 내가 직접 생각했던 교복을 지금 현실에서 만든다는 점에서 미술에 대해서 관심 있고 흥미가 생겼다.

· 평소에 항상 학교에서 정해준 똑같은 교복만 입다가 내가 직접 입고 싶은 교복을 디자인해보는 계기가 되었다. 내가 직접 디자인한 교복을 실제로 입게 된다면 실용적이고 좋을 것 같다.

· 만약 내가 디자인한 교복이 우리 학교에 도입된다면 학생들이 편하게 학교를 다닐 수 있고 겨울에도 춥지 않을 것 같다.

· 나는 교복을 한복으로 입어보고 싶었다. 작년에 어떤 반 체육대회 반티가 한복이었는데 너무 멋져서 부러웠다. 그때부터 한복을 입고 생활해보고 싶었다. 그래서 교복을 한복으로 만들게 되었다. 내가 좋아하는 것과 하고 싶은 것을 미술활동 작품에 표현하였다.

· 교복디자인을 하며 간단했지만 다 하고 나니 성취감도 느꼈고 여러모로 미술은 나에

게 창의력을 키우게 해주고 활력을 준다는 생각이 들었다.

· 내가 교복을 입으면서 불편했던 점과 교복의 문제와 미래에 이런 교복이 있으면 좋겠다고 생각했던 것들을 스케치하여 표현하여 내가 생각하고 있던 교복을 직접 만든 것이 기뻤다.

· 미래의 교복 만들기 활동을 통하여 미래 브랜드에 대해 생각해 볼 수 있었고 미래의 교복을 만든다는 것이 좋은 기회인 것 같았다. 정말 미래에는 현재와 얼마나 다르게 교복이 발전하고 변화하는지가 궁금했다.

· 교복디자인은 늘 입고 다니던 교복을 디자인하는 거라 쉬울 줄 알았는데, 옷맵시, 체형, 활용성 등 많은 디테일한 부분까지 변화를 주는 것이 너무 어려웠다. 그러기에 기술이 없는 내가 모델을 만들고 옷을 표현해야 한다는 것이 부담스러웠다. 시간과 노력을 더 많이 투자하여 단계적으로 조금씩 노력한 것들이 결과물이 되어 완성되었을 때는 성취감과 미술에 대한 자신감이 더 생긴 것 같다.

· 솔직히 항상 깊은 생각에 빠져 시간을 허비하곤 했다. 이제는 그러지 않고 그림을 그린다. 그림을 그리고 나면 조금은 마음이 풀어진다. 내 감정에 대해 좀 더 솔직해진 것 같고 이번 교복 만들기를 하면서 내가 뭘 중요하게 생각하는지 알게 되었다. 그림을 그리고 나서 마음에 들지 않아 지워버리는 경우가 많았는데 이젠 조금 자신감이 붙은 것 같다.

잘 알지도 못하면서

미술교육과라고 해서 교육학을 이수하긴 했지만 미술교육과의 주된 수업은 작가가 되기 위한 실기 수업이지 않았나 생각된다. 그래서인지 나의 신입교사 시절은 물론이고 교사 생활 내내 전문작가가 되기 위해서 가까운 시일 내에 붓을 들어야 한다는 일종의 강박이 머리에서 떠나지 않았다.

아마도 1980년대 그 즈음 주변 교육과를 졸업하고 신입교사가 된 경우에는 대략 비슷한 생각을 하고 있었을 것이다. 그러한 영향이었는지 나는 온전히 아이들 세계에 발을 디디지 못하고 어정쩡하게 미술적 기법에만 치우친 이론을 가르치고 그것으로 만족을 구하려고 했다. 그러나 그런 방법은 단순한 손기술의 전수를 위해 존재하는 과목이라는 생각을 학생들의 의식에 고착화시키는 데 일조하였을 뿐이다.

편협했던 나의 교수방법은 아이들이 미술시간을 통해서 학습할 수 있는 자기다운 표현과 미술세계에 대한 앎의 즐거움에 밀착되지 못하게 하는 면이 있었다.

많은 학생들에게 미술시간은 그림을 잘 그리지 못해서 괴로운 시간, 최선을 다했지만 잘 그리지 못해서 점수가 낮았고 선생님이 미웠던 시간, 사실적인 묘사에 소질이 있는 소수 학생만 스타가 될 수 있는 시간, 예민하고 신경질적인 반응을 보인 것으로 기억되는 선생님의 태도들, 이런 식의 미술 시간은 미술의 필요성을 알지 못하게 하거나 개인에 따라서는 미술에 대한 부정적인 인식을 심어주는 계기가 되었다.

더욱 심각한 문제는 일주에 한두 시간 이루어지는 단체 수업에 도제식에서나 통하는 수업을 적용하려 들었던 것이다. 스승에게 글씨를 배우기 위해 마땅한 이유도 알지 못한 채 청소만 5년, 먹갈기 5년, 그런 시기를 보내고 학습을 위한 마음가짐이 되었을 때 비로소 시작되는 글씨쓰기나 그림그리기 교수법을 중간과정 모두 생략한 채 기법적으로만 접근하여 수업에 적용하였던 것이다. 왜 미술을 배워야 하는가, 라는 점을 알거나 느끼지 못하는 아이들을 대상으로 교과서에 나오는 기법 중심의 수업을 했다. 그리고는 학생들은 왜 따라하지 못하고 이해하지 못하고 딴짓을 하고 미술시간을 무시하는가, 라는 의문을 품었다.

결과적으로 미술을 가르치는 교사조차 미술이 아이들에게 무엇을 위한 활동인가, 어떻게 이해되어야 하는가에 대해서 명확하게 인식하지 못한 채 행해진 수업은 아이들에게 불친절할 수밖에 없었던 것이다. 그에 더하여서 나 같은 미술교사나 중등학생의 예민성은 최고조여서, 서로를 더욱 멀고도 불친절한 존재로 생각할 수밖에 없었다.

나는 그때 하던 버릇 한 가지를 여태 고치지 못했다. 교수학습보다 먼저 교사와 학생간 관계의 중요성을 아는 나이가 훨씬 지났음에도 나도 모르는 사이에 학생에게 행하는 예민함과 불친절함이라니, 스스로가 부족함을 느낀다.

그런 일은 교복 만들기 시간에도 일어났다. 수업이 시작된 지 5분여가 지나고 있음에도 대여섯 명의 학생들이 아직 미술실에 나타나지 않았다. 매번 주의를 주는데도 반복되는 현상이다. 교과서든 준비물이든 아무것도 없는 채로 화장은 진하고 치마는 짧고 무표정하거나 불만이 가득한 얼굴로 미술실에 들어선다. 같은 행동이라도 따뜻하게 말하고 지도할 수 있으련만 나는 사무적이고 딱딱하다 못해 매몰찬 어조로 "뒤에 서 있어요"라고 말했다. 그리고도 한참 인내심을 발휘해서 왜 늦었냐고 물으면 으레 "교실문을 잠그느라요", "체육시간 옷 갈아입느라고요", "보건실에 갔다 왔어요", "선생님과 상담했어요", "인성인권부실에서 왔어요", "물 마시고 왔어요", 이유도 다양하다. 그런 대답을 들은 뒤 다음에도 늦으면 결과 처리 하겠노라고 으름장을 놓고는 자리에 앉으라고 말한다. 빈손이기 때문에 교복 스케치는 할 수 없다. 그런데 나는 또 그것을 그냥 보아 넘길 수가 없어서 스케치북이나 종이가 없는 줄 알면서도 "왜 안 하냐"고 묻는다. 그때서야 옆 친구들이 드르륵 찢어 빌려준 노트 한 장을 들고 나름대로 스케치를 한다. 그것도 잠시, 어느새 엎드려 잠을 자고 있는 것이다. 나는 그 순간 몇 가지 감정에 휘말린다.

'내 수업이 그렇게 재미가 없는 건가, 나한테 무슨 감정이 있는 건가. 드러내기 어려운 문제가 있기는 있는 것 같은데…….'

'잘 알지도 못하면서 뭐래'라는 눈빛으로 조금은 무섭게 바라볼 때는 혼낼 수도 없고 그렇다고 엄연한 수업시간이고 모두가 함께 하고 있는데 그 아이들만 그냥 둘 수도 없는 미묘한 상황이 벌어지는 것이다. 때로는 보고도 모르는 채 외면하기도 한다. 시간마다 벌이는 신경전은 전체 분위기도 침체되게 하기 때문이다. 이쯤해서 '나는 왜 저 아이들을 이해를 넘어선 감동으로 이끌지 못하는 걸까'라는 자조에 이른다. 그 아이들은 다음 시간,

그 다음 다음 시간 역시 같은 패턴으로 수업을 마치고 책상도 정리하지 않은 채 무심하게 미술실을 빠져나간다.

작업을 마치고 스케치와 입체물을 들고 나와 발표하는 시간은 반별로 두 시간이 주어졌는데 그 학생 둘은 첫 시간에는 완성하지 못해서 발표하지 못한다는 것이다. 나는 내심 "어긋나지 않는구나. 역시나"하고 생각했다. 그런 가운데에도 다른 학생들의 발표를 잘 듣거나 작품을 유심히 쳐다보는 뜻밖의 눈빛을 놓치지 않았다.

두 번째 발표시간이 왔다. 첫 번째 시간에 발표하지 못한 몇 명의 학생이 모두 발표를 마치고 약간의 시간 여유가 있었다.

"지금 발표하면 안돼요?"라고 학생 한명이 내게 물었다. 바로 그 엎드려 자던 학생이다.

"발표하세요."

그 학생이 앞으로 나왔다. 그리고는 자기가 만든 모형을 보여주며 아주 간단하게 설명했다.

"저는 기능이나 경제성보다 보는 바와 같이 색과 디자인에 중점을 두었어요."

설명이 끝나자마자 나는 물었다.

"네가 한 거 맞아?"

"네, 제가 했어요."

'왜 내가 했다는데 안 믿는 거냐'는 어조로 대답했다.

"아니, 너무 잘 했는데 니가 하는 모습을 거의 보지 못해서 하는 말이야."

눈빛을 자연스럽게 누그러뜨리며 머쓱한 표정으로 말했다.

"제가 한 거 맞아요. 얘한테 물어보세요."

"아니 이렇게 잘하면서 수업시간에는 왜 그런 거냐?"

대답은 없었고 나도 더 이상은 묻지 않았다.

"집에서 했어요."

"그래요. 아무튼 참 섬세하고 아름답게 열심히 잘했죠, 여러분?"

"네~~~."

짝! 짝! 짝! 짝!

그 순간 그 아이의 보기 드문 웃음이 진한 화장을 씻어내는 것 같았다. 보통은 네 시간 이상 공을 들여야 그 정도의 섬세함을 묘사할 수 있음을 생각해보니 다른 아이들이 시험공부할 때, 학원에 갔을 때, 집에서 부모님의 간섭도 없이 혼자서 또는 친구와 만들었을 것이란 생각이 들었다. 밖으로 드러내기 어려운 신의 발자국이 있는 것이다. 이제 나는 그 학생이 예뻐지려고 한다.

평가의 뒤테일

동료평가, 무엇을 위해 나와 동료를 판단하나?

미술과목에서는 1년 전까지만 해도 지필평가가 이루어졌다. 지필평가는 피상적인 내용을 묻거나 기법적인 문제들 위주로 되도록 쉽고 단순히게 평가가 이루어진 경향이 있었다. 그것을 왜 알아야 하는지 목적성이 모호한 가운데 단편적인 부분에 집착하여 문제를 출제하였던 것이다. 예컨대 그림을 제시하고 양각이냐 음각이냐를 묻거나 볼록판화에 속하지 않는 종류를 묻거나 신윤복은 풍속화가냐 아니냐를 묻거나 하는 식이다.

학부모들은 미술교사와 직접 얼굴을 맞대고 말하는 것은 아니었어도 아이들이 다른 중요 과목을 공부하는 데 피해가 가지 않기를 바랐다. 미술과목의 지필시험은 가급적 쉽고 간단하며 가벼운 시험이기를 바랐던 것이다. 학생 입장에서는 미술 정도야 알아도 그만 몰라도 그만인 만큼 이론시험에 부담을 주지 않았으면 하는 암묵적인 의식도 있었다.

미술교사는 이에 응수하여 모든 시험을 종합한 결과 총점을 깎아먹지 않는 수준의 센스 있는 문제를 학생에게 제공해야 했다. 이러한 현실에서 지필고사를 폐지하고 수행평가의 폭을 넓게 한 것은 미술활동이 가진 향유와 소통이라는 본래의 목적에 충실할 수 있는 접근법이 될 수 있을 것이다.

이에 따라서 중등학교 미술교과 교육과정을 통해서 아이들이 무엇을 중점으로 생각하고 행동하며 습득하고 끌어내야 하는지에 대해서 다시 한 번 생각하게 되었다.

과거와 같이 미술 교육과정의 영역, 주제, 소재, 기법, 성취도를 근간으로 하되 두 가지를 운영의 기본 방향으로 삼아 보았는데

첫째는 아이들이 미술을 학습한다기보다는 어떻게 하면 지금 이 순간 자신을 충분히 표현하면서 미술문화를 즐기고 향유할 수 있을까,

둘째는 자기결정 과정이 많은 미술 활동시간에 동료들과 나의 태도가 상호 소통적이고 바람직한가를 생각해 보게 하는 것이다. 그리고 상호 이해를 바탕으로 집단적, 개인적으로 자치성을 확립해갈 수 있을까에 대해서 스스로 생각하고 행동하게 하는 것이다.

두 가지를 방향을 중점으로 삼은 데에는 미술이 현재의 중등학생에게 어떤 의미여야 하는가에 기초를 두고 있다.

오늘날 개인은 국가와 사회에 종속성이 더욱 강화되고 취업, 소득과 소비를 위한 도구가 되어버린 측면이 있다. 이러한 사회에서는 아이들이라고 해도 온전한 개인으로 놓여나는 시간을 쉽게 찾기 힘들 것이다. 자신을 표현하는 순간을 즐기고 감상과 향유를 통해서 온전한 자신과 만나는 기회와 수단이 필요한 시점이다.

인류가 수만년 전부터 삶의 순간을 즐기고 향유할 수 있었던 가장 자연스러운 양식 중의 하나가 미술이다.

미술활동은 개인적으로나 집단적으로나 자기결정 과정이 많은 활동이다. 활동이 이루어지는 행동 과정과 미술적인 표현 과정에는 개별적인 '나'도 드

러나고 '나'와 '너'의 관계에서 양자간 또는 다자간 균형 정도와 이해 정도도 보여진다.

이 부분에서 동료평가가 개입된다. '나'를 어떻게 드러낼 것이며 상대가 표현하는 것에는 어떻게 응대할 것인가. 또한 서로를 어느 만큼 이해하고 얼마만큼 균형감 있는 관계를 유지해 가느냐를 조정해 가는 데 동료평가가 개입하는 것이다.

언어적 기능과 사회적 기능을 동시에 가진 미술활동을 통해서 개인적, 집단적 즐김의 순간을 영위하고 자기와 타자간 관계의 균형을 만들어 가는 데 동료평가가 필요한 것이다. 이는 상호간 이질성의 경계에서 '나'의 존재를 적절하게 표현하게 함으로써 이질적이지 않은 삶을 살아가기 위한 방법을 스스로 습득하게 하는 것이기도 하다. 상대가 누구든 상호간에 균형을 잃을 때 호혜적이기보다 약탈적이거나 폭력적일 수 있다. 동료평가는 상호간의 이질적인 경계에 간섭하고 균형을 이루는 데 일조한다(예시한 동료평가지는 말 그대로 예시일 뿐이다. 수업의 목표와 내용과 형식에 따라서 변형해서 사용할 수 있다).

동료평가지 예시 1

년 월 일		학년 이름 반 번		

나의 작품과 활동에 대하여
• 이번 표현 활동을 통해서 자신의 작품과 관련하여 말해보고 싶은 것
(표현 동기/ 제목과 사용재료/ 제작 및 감상 소감/ 재미있었던 점/ 잘된 점/ 아쉬운 점 등)

친구의 활동과 작품에 대해서

• 이번 표현활동 과정이나 결과(작품 포함)에서 친구들에게 새롭게 발견된 모습과 개인적인 생각

• 이번 표현활동 과정이나 결과(작품 포함)에서 친구들에게 발견된 인상적인 면

• 그 밖에 친구들이 수업시간에 꼭 지켜주었으면 하는 점이나 개인이나 단체로서 수업시간에 바람직했던 점 기록.

평가
표현결과물도 중요하지만 평소 행동과 봉사정신
수업에 도움된 점, 방해된 점 차원에서도 생각해보고 평가할 것

최고의 장점 찾아주고 바라는 점도 표현해보기	반 번	이름	최고의 장점	바라는 점

동료로 인해서 행복했던 점 찾고 고마워하기	반 번	이름	네가 있어 행복했던 점	고마운 점

동료평가지 예시 2

○○만들기 동료평가지　　　년　월　일			학년　이름　　반　번

나의 활동 기록
재미있었던 점/ 잘된 점/ 아쉬운 점 등/ 미적감수성, 시각적 소통, 창의·융합, 미술문화 이해, 자기주도적 학습

모둠 활동에 대해서

<table>
<tr>
<td rowspan="3">모둠 이름:
모둠장:</td>
<td rowspan="3">총점</td>
<td colspan="3">문제해결
·
완성도</td>
<td colspan="3">의사소통
·
토론</td>
<td colspan="3">창의력
아이디어
발현
내용의
체계성</td>
<td colspan="3">미적
감수성
·
리더십</td>
<td colspan="3">인내·
배려·
협동
수업시간
공공질서·
뒤처리
및
청소</td>
<td colspan="3">잔소리
유발자
(마이너스
요인)</td>
<td rowspan="3">모둠 등위별 점수
(적절한 점수 생각 중)</td>
</tr>
<tr>
<td>상</td><td>중</td><td>하</td>
<td>상</td><td>중</td><td>하</td>
<td>상</td><td>중</td><td>하</td>
<td>상</td><td>중</td><td>하</td>
<td>상</td><td>중</td><td>하</td>
<td>상</td><td>중</td><td>하</td>
</tr>
<tr>
<td></td><td></td><td></td>
<td></td><td></td><td></td>
<td></td><td></td><td></td>
<td></td><td></td><td></td>
<td></td><td></td><td></td>
<td></td><td></td><td></td>
</tr>
</table>

학년	반	번	이름	50		
						1위
						2위
						3위
						4위
						5위
						6위
						7위

평가 내용	자신의 모둠 안에서	최상점을 주고 싶은 사람 이름	최상점을 준 이유를 쓰고 그사람을 마음껏 칭찬하세요.
		내 친구의 장점 많이 찾아주기	
	자신의 모둠 밖에서	최상점을 주고 싶은 사람 이름	최상점을 준 이유를 쓰고 그사람을 마음껏 칭찬하세요.
		내 친구의 장점 많이 찾아주기	

동료평가, 과연 공정할 수 있을까?

나는 동료평가가 이루어지기 전에 학생들에게 동료평가의 취지를 먼저 설명했다.

'수업시간에 이루어지는 것에 대하여 내 입장에서 너도 너의 입장에서 나도 생각해 볼 수 있는 계기가 될 수 있다. 경우에 따라서는 나보다도 여러분 각자가 친구들을 더 잘 관찰할 수 있으므로 더 공정할 수 있다. 결과를 모으면 단체의 입장도 대변해 볼 수 있다. 나하고 친하다고, 나한테 잘해준다고, 주먹이 세다고, 비싼 재료를 가져왔다고, 왠지 밉다고 주관적으로 평가하게 되면 결과적으로 학급 분위기는 어떻게 될 것인지도 생각해 보면서 평가의 권한을 갖도록 했다.

평가는 시험처럼 누가 누구의 것을 보지 않고 하도록 했다. 꼭 못한 사람을 적어야 하는지 또는 안 적어도 되는지, 한명만 해도 되는지 등의 질문이 쏟아졌다. 하고 싶은 이야기 속에는 그렇지 않아도 경쟁, 경쟁하고 앞으로도 더 치열한 경쟁에 진입해야 하는데 여기서도 서로 평가하고 경쟁해야 하는지 타당하지 않다는 의견도 있었다.

"학교도 작은 사회라고 생각한다. 서로 존중하고 지킬 것은 지켜야 한다.

어떤 행동을 하든지 자기 것만 잘 완성하면 된다는 식의 생각은 위험하다. 또 자신의 수업시간이기도 하지만 다른 사람들의 수업시간이기도 하다. 그런데 상대를 존중하지 않는 태도 또한 곤란하다"고 설명했다.

"작품이든 행동이든 내가 잘해서 나도 좋지만 내가 잘함으로써 동료들도 좋은 것은 더욱 좋다"고 설명했다.

갑과 을의 경계

옆 선생님이 자신의 아이들 이야기를 한다.

유치원에 다니는 세 살과 여섯 살 아이들. 유치원 선생님이 고기를 먹지 않는 일주일을 정해서 지켜보자고 말씀하셨단다. 그 일주일 중에 하필이면 고기를 먹지 않을 수 없었단다. 유치원 선생님과 약속을 깜빡 잊고 여섯 살, 세 살 아이가 고기를 먹은 것이다. 갑자기 아이가 '으앙~~'하고 울음 터트리더란다. 문득 생각난 선생님과의 약속 때문이었다.

선생님 말씀이라면 '금이야'하고 듣던 아이들이 이상하게도 학년이 올라갈수록 눈앞에서 말하는 것도 못들은 척한다. 언제 그랬냐는 것이다. '나만 사용한 것이 아닌데 내가 왜 그걸 정리해야 돼요'라고 말한다. "자기가 하지 않았더라도 자기자리에 있는 것은 자기가 책임지고 정리해야 한다"고 사전지도를 했지만 완전하지 않은 아이들에게 기대했기에 그 순간 교사가 잘못한 것이다.

이상하다. 왜 태어남이 가까울수록 완전하고 태어남이 멀어질수록 완전에서 멀어지는 걸까? 누구는 뇌 때문이라고 하고, 누구는 성장과정 중에 보이는 현상이라고도 한다. 모두 맞는 말인 것 같다.

나의 의견을 덧붙이자면, 일주일간 고기를 먹지 말아보자는 약속을 지키지 못해 우는 어린 아이와 실습실 사용법을 무시하는 중학생의 차이는 모두에게 공정한 과정과 결과가 되는 것에 가치를 두는 것과 어떤 과정을 거치든 자신에게 이득이 되는 결과를 쫓아가는 것의 차이라고 생각한다.

어린 아이는 사회나 가정에서 보이는 이기적 가치에 학습되지 않았다. 그러나 학년이 올라가는 사이에 다른 가치들을 학습하면서 중학생이 되었을 때 기존의 가치에 물들었기 때문에 이기적으로 행동하게 되었다면 어떨까. 그것은 기존세대가 교육과 사회에 대해서 다시 생각해야 한다는 반증이 아닐까.

아이들이 학교에서 보이는 행동 양식에는 큰 문제에서 아주 미세한 문제까지 부모와 사회의 법칙이 묻어난다. 좋은 것은 물론이고 아주 좋지 않은 것까지 포함하고 있다.

아이들은 누가 힘이 센지 금방 알아내고 그 방식을 집단적으로 쉽게 모방하거나 잘못된 것에 대한 방관자가 되기도 한다. 그러므로 학교의 수업시간에는 학교사회 나름의 공동적 문제해결과 자정능력을 기르는 장치가 필요하다.

또한 그 장치를 세심하게 디자인하고 아이들에게 적용할 때 학교 활동안에서 예민하지만 잘 드러나지 않고 큰 문제지만 쉽게 결론지을 수 없는 문제들에 대해 학생들이 주체적으로 대응해 가고 학교나 학급 내에서 자체적인 질서를 형성해 갈 수 있는 기회와 방법으로 작용할 수 있기 때문이다.

다음 이야기는 학교에서 논쟁이 될 만한 사건은 많지만 대상자들이 첨예하게 대립될 수 있는 사건의 예이다. 물론 학교의 현상을 설명하기 위한 사례로서 사실을 기반한 픽션이니 오해 없기를 바란다.

특정 고교에 입학하려고 1학년 때부터 점수관리를 한 A학생이 있다. 3학년 1학기 중간고사 M과목 시험을 치르는 시간이었다. 시험 끝을 알리는 종이 울리기 5분 전 시험교실을 순회하던 교사가 그 학생의 책상을 보게 되었다. 책상에는 M과목과 관련된 내용들이 듬성듬성 써 있는 것이 보였다. 교사는 이 학생을 커닝으로 간주하고 그 자리에서 큰 소리로 커닝을 했다, 라고 말하며 시험지와 답안지를 수거하려고 했다. 이에 학생은 커닝하지 않았다고 반론하여 교사와 학생간 약간의 감정적인 대립이 있었다.

시험이 종료된 후 M교과 교사는 학생의 책상을 확인했고 답과 관련된 내용이 1건 있음을 확인했다. 학교의 시험 매뉴얼 중 유의사항에는 책상은 아무것도 쓰여 있으면 안 된다고 되어 있었고 시험 감독 교사 또한 시험이 시작되기 전에 다시 한 번 그 사실을 학생들에게 인지시켰다. 시험이 종료된 후 시험감독 교사는 시험 규정에서 어긋나는 행동이니 커닝으로 간주해야 하고 처벌해야 한다고 했다. 시험을 마치고 일찍 집에 간 학생은 '죽고 싶다'는 표현과 함께 커닝하지 않았음을 부모에게 알렸다. 물론 즉시 논란거리가 되었다. 교사나 학생이나 양측이 다 허점이 있을 수 있었다. 사안을 간단히 보자면 둘 다 허점을 인정하고 각자 처분을 받으면 될 문제다. 하지만 양측이 다 자신의 잘못을 인정하지 않았고 논쟁은 지속되었다. 학교는 문제를 해결하는 절차대로 해당 위원회에 의뢰했고 해당 위원회는 커닝으로 처리해야 한다고 의결했다.

여러분이 학부모라면 어떻게 대응할 것인가?

여러 가지 유형이 있을 것이다. 학교의 방침에 순응하거나 학교의 방침에 반대의견을 내놓거나 아이의 점수를 포기하지 않기 위하여 좀 더 강력하게 상위기관에 민원을 넣거나 그도 아니면 법으로까지 갈 수 있는 가능성도 있다.

학부모의 입장에서는 어떻게든 자식의 점수를 지키고 싶은 생각이 먼저일 것이다. 이런 경우에는 공정한 판단과 처분에 앞서서 누가 더 치밀하게 논리적이고 공격적인가와 누가 더 사회적 장치를 잘 이용할 수 있는가? 또는 누구의 권력이 더 크게 작용해서 누구의 상처가 더 클 것인가의 대립으로 비약되지 않겠는가?

학교 해당위원회에서는 커닝으로 간주되어야 옳다고 결론지었다. 그러나 학부모가 사적으로 동원할 수 있는 수단이 강력하게 작용하였고 커닝으로 간주되지만 커닝으로 결론내리기 애매한 상황이 지속되었다. 이해 당사자와 그 주변인들 누구에게든 피해가 되어서는 안 되기 때문이다. 이 사안은 학교 원칙으로 선을 그어서 처리하기 어려운 문제로 확대되었다. 이때부터는 당사자인 두 사람의 문제가 아닌 여러 사람의 셈법이 작용하기 시작했다. 이 문제와 직접적인 관련이 없는 교사의 처신에 대한 학교의 대처법까지 문제 삼아 거론되기 시작했다. 문제는 더욱 복잡한 양상으로 번질 조짐이다.

여러분이 해당 교사나 관리자라면 어떻게 하겠는가?

부작용이 눈덩이가 될 것을 예상하고 유야무야 넘어갔다고 가정해 보자. 암묵적으로 교사의 실수는 강조되고 학생 쪽은 정당한 것으로 처리된 것이다. 문제는 학교에서 시작되었지만 학교 밖으로 문제가 확대되고 권력관계와 여론이 개입해서 어떻게 왜곡되는가를 학생들은 너무나 예민하게 감지하고 집단적으로 학습하는 결과를 가져오게 될 것이다. 학교질서나 교사는 권력이나 여론 앞에서 별것이 아닌 것으로 눈앞에서 보여주게 됨과 동시에 나의 잘못도 권력의 뒤로 살짝 숨기기만 하면 된다는 것을 학습한다. 물론 시험상황에서 교사가 완벽하게 처신했다면 문제가 달라질 수도 있다. 하지만 교사도 사람이고 때로는 판단이나 행동 착오가 있을 수 있다. 이런 경우 갈등으로 이어지고 그 후속 조치들은 교사의 목소리가 잦아지는 쪽으로 기우는 경우가 많다.

학교현장에서는 교사, 학생 모두 보호되어야 하고 갈등이 발생할 때는 합리적인 절차에 따른 결정에 따라야 할 것이다. 그러나 '나'만을 강조하고 인맥과 여론을 동원하여 승리에 도달 할 때에는 우리 모두는 공공의 질서보다 여론과 권력관계를 우위에 두는 침묵의 공범자가 되고 만다. (거꾸로 학생이든 학부모든 약자가 되어 학교의 권력에 전복될 때에도 같은 현상이 벌어질 것이다.)

그것이 교실 문을 열고 들어올 때는 어떻게 되겠는가. 만약 옆에서 보고 들은 학생들이 자신이 있었던 교실 안에서 일어난 일이라고 판단하고 목소리를 냈다면 어떤 일이 벌어졌을까? 상황은 달라졌을까? 무엇을 통해서 학생들이 가치 판단을 할 것인가? 이론 시험을 통해서 판단할 것인가? 자기의 삶은 자기가 만들어야 하고 확대된 자기들의 집합인 집단도 자체에서 정화될 수 있는 기회를 가져야 한다.

교사평가를 생각하다

수업시간에 학생들이 자신의 작품에 대하여 비슷한 노력을 기울였다고 전제해보자. 이로부터 나온 결과에 대해서 개개인을 구분하여 조금 덜하고 더할 수 있는 점수로 수치화할 수 있을까? 저마다 다른 특성에 따라 표현되는 조형언어를 점수로 수치화하고 우열을 가리는 것은 아이들에게 좀 잔인하다는 생각마저 드는 것은 어쩔 수 없다.

표현한 결과에 대하여 당연히 점수에 차등을 두어야 한다고 말하는 사람도 많을 것이다. 그러나 그런 경우 아주 잘 묘사한 스타를 제외하고는 마음에 상처를 남기는 것 같다. 그리고 "나는 미술에 재능이 없어", "미술을 잘 하지 못해"라는 생각을 심어주고 미술로부터 영영 멀어지는 삶을 살게 하는 지점이 되는 것이다. 그 다음은 삶이 건조해지는 지름길과 조금 더 가까워지고 만다.

미술과 평가 과정에서 행해져야 할 것은 나는 누구인가로부터 시작해서 나는 무슨 생각을 하는가, 너는 무슨 생각을 하는가, 우리는 무슨 생각을 하는가, 우리의 생각은 어떻게 다르며 어떤 좋은 점과 어떤 문제가 있는가, 우리는 무슨 생각을 해야 하는가, 다시 나는 무슨 생각을 하는가, 또 어떻게 존중받고 존중해야 하는가를 끊임없이 되새기면서 스스로를 정의해 보아야 한다고 생각한다. 이런 활동이 완벽하다고 감히 말할 수는 없지만 미술 수업과 평가 안에서 가능하다고 생각한다.

개인들의 표현을 측정하고 줄을 세우는 것은 누군가 어떤 것인가의 필요에 의해 우수한 것이 선택되어야 하고 나머지는 버려지는 것을 전제로 할 때 행해지는 방법일 수 있다. 한 개인이 사회의 총합으로서 필요를 충족하다보면 외부적 필요가 없을 때 버려지는 소모품이 되어 버리는 것은 지양되어야 한다. 소모품이 아닌 가치를 지닌 인간으로 살아갈 수 있는 힘은 표현하고, 공감하고, 느끼고, 반성하고, 존중하는 활동들에서 나온다. 학교를 다닌다는 것은 어디에 필요한 인간이 되기 이전에 한 인간으로서 생명과 삶의 경이를 느낄 권한을 스스로 찾는 과정이기도 하기 때문이다.

선생님, 명화는 이런 거예요

아마도 명화란……

최근 가까운 사람에게 '섭섭하다'는 문자가 왔다. 나는 한참을 말없이 있다가 왜 그러냐고 물었다. 그는 '달리는 자동차 바퀴와 빗물이 만난 후 헤어지는 소리가 그렇다'고 답했다.

그때 그가 있던 곳, 창 밖에서는 봄비가 제법 내리고 있었고 자동차들은 제각기 목적지를 향해 의무를 다하고 있던 퇴근시간 무렵이었다. 천변에 만개했던 벚꽃 잎들이 비바람에 무심하게 떨어지고 있었다. 그 소리들이 '섭섭하게 들린다'는 거였다. 가만히 들어보니 과연 그런 것 같기도 했다. 늘 보던 일상적인 것일지라도 관심 있게 감각하고 의식해야만 내 것으로 오는 것이다.

아이들이 생각하는 명작(명화)의 의미도 이와 멀지 않았다. 다가가서 자기가 느낀 대로 알면 된다. 아는 대로 느끼면 된다. 그리고 한 발짝씩 나아가기 시작하면 명화(작)와 만날 수 있다.

다음은 명화(작)가 무엇인가에 대한 아이들의 생각들이다. 아이들 생각에 따라 자기가 느끼는 것에 중점을 두어 명화(작)를 정의한 경우, 작가가 표현하려고 했던 것에 중심을 두어 명화(작)를 정의한 경우, 누구에게든 공감을 이끌어 낼 수 있는 작품이라면 명화(작)라고 하는 경우로 구분해 보았다.

명화? 무엇을 보든 내가 느끼는 것이 중요해

· 내 마음속에 어떤 느낌이나 감동이 일어난다면 그것이 명화가 아닐까 생각한다. 미술에 관한 지식이 없는 나로서는 전문가들에게 좋은 평가를 받는지 알지 못하지만 그림을 보는 순간 어떤 생각이나 감정이 생기지 않는다면, 좋은 평가를 받고 유명한 그림이라도 명화라고 하기 어렵다. 좋은 평가를 받고 유명한 그림일지라도 저 그림이 무엇을 뜻하는지 작가가 무엇을 이야기하는지 이해할 수 없는 그림이 있는데 이러한 그림들은 나에게는 명화가 아닌 것 같다. 그 그림을 이해할 수 있고 아름다움을 느끼며 공감 할 수 있고 그 그림으로 인하여 떠오르는 감정이 나를 위로할 수 있다면 그게 바로 나에게 최고의 명화일 것이다.

· 명화는 아주 잘 그려서 사람들에게 잘 알려진 그림으로 다수의 사람들이 공감하고 인정하는 작품이라고 할 수 있다. 명화로 소개되는 작품에는 내가 어렸을 때부터 아주 많이 보아 익숙하여 명화로 알고 그냥 지나가는 작품이 많다. 때로는 너무 추상적이고 어렵고 무엇을 표현했는지 알 수 없는 작품도 있었던 것 같다. 그나마 작품 배경이나 그린 사람의 일생, 의도 등을 알게 되면 작품을 보는 시각이 좀 달라지기는 했던 것 같다. 내가 생각하는 명화는 그 작품을 감상했을 때 나에게 인상적으로 다가온 작품, 즉 나의 생각에 영향을 주고 나의 마음을 움직여 행복감을 주며 오랫동안 마음에 담아두고 싶을 만큼 공감이 되는 작품이 명화가 아닐까 싶다.

· 아마 취향 차이가 아닐까 싶다. 만약 아무리 유명한 그림을 보게 된다 하더라도 결국 자신의 취향이 아니거나 자신과 맞지 않는다면 명화라고 생각하지 않을 것이다. 그러니 명화라는 것의 기준은 사람에 따라 다르다고 생각한다.

· 내가 생각하는 명화란 그 그림에 빨려 들어갈 수 있는 그림이라 생각한다. 그림에

오묘한 느낌이 있고 집중할 수 있는 그림을 나는 명화라고 생각한다. 채색이 잘되고 그런 것보다는 내가 보았을 때 빨려 들어갈 수 있고..

· 일반적으로 명화는 작품성이 뛰어나고 오래되었으며 보기에 아름다운 것인 것 같다. 또한 명화는 사람들에게 잘 알려져 있느냐 그렇지 않느냐도 굉장히 중요한 요소인 것 같다는 생각이 들기도 했다. 내가 생각하는 명화는 누군가 모방하지 않고 자신만의 가치관을 미술로 표현하는 것이라고 생각하고 보기에 아름답고 특이한 것도 중요하다고 생각한다. 또, 다른 사람에게 많이 알려지지 않았어도 내가 보기에 너무 멋지고 대단한 작품이라고 생각하면 그거야말로 명화라고 생각한다.

· 제가 생각하는 명화는 자신에게 의미가 있고 가치가 있다면 그것으로도 명화라고 볼 수 있다고 생각한다.

· 일반적으로 명화란 천재적인 화가가 그린 그림 중에서도 아주 잘 그려지고 유명한 것이라는 의미로 해석되고 있다. 물론 나도 그 말에 동의한다. 하지만 너무 추상적인 개념을 자세하게 풀이할 필요는 있다고 본다. 천재적인 화가는 유명한 화가가 아닌 자신이 표현하고 잘하는 바를 타인이 한눈에 알아볼 수 있는 화가여야 한다. 아주 잘 그려졌다는 것도 유명한 화가의 그림뿐만 아니라 단조로워도 아름답고 조화미가 있는 아름다운 그림도 포함되어야 한다. 한마디로 말하자면 명화란 특별하지 않아도 개개인이 보기에 감동을 받고 아름답다고 할 수 있는 그림을 칭하는 별명이라고 할 수 있을 것 같다.

· 나는 명화를 화가의 마음까지도 들여다보이는 진실된 그림이라고 생각한다. 일반적으로 사람들이 말하는 명화는 잘 그리고 잘 채색한 것이라고들 하는데 나는 조금 다르게 생각한다. 작품을 보면 화가의 감정이 잘 느껴지는 작품들이 있는데, 그런 작품을 보고 있으면 그 마음이 공감되어서 행복하기도, 슬프기도 하고 우울하기도 하는 감정

을 느낄 수 있다.

· 자신이 명화라고 하면 그건 명화다. 단지 점 하나만 있어도 그걸 보고 명화라고 느끼는 사람이 있을 것이다. 그러니 명화는 그 어느 것이든 될 수 있을 것 같고 누구든지 만들 수 있는 그런 아름다움인 것이다.

· 명화란 일반적으로 아주 잘 그려서 이름이 난 그림이다. 또 천재적인 예술가가 시대정신에 입각해서 자신의 개인적인 경험을 우주적인 경험으로 승화시켜 놓은 그 순간에 제작한 작품이라고 케네스 클락이 말했다고 한다. 예를 들면 레오나르도 다빈치의 '모나리자', 뭉크의 '절규', 고흐의 '자화상'과 '해바라기' 등이 있다. 하지만 내가 생각하는 명화란 모든 사람이 보기에 좋은 것일 수도 있지만 잘 그리진 못했어도 그린 사람의 정성과 마음, 의도가 드러나고 그 그림으로 인해 힘을 받는 사람이 딱 한명이라도 있는 것이다.

명화? 작가가 무엇을 표현하려고 했는지 보면 알아

· 우리가 봤을 때 모르는 작품도 많지만 이미 인정받는 작품들은 명화라 불린다. 또한 걸작과도 같은 의미이다. 내가 생각하는 명화는 자신이 경험하고 본 것을 토대로 자유롭게 상상해서 그리는 멋진 작품이다. 나도 명화가 세상에 잘 알려진 그림이란 것을 알고 있다. 그러나 세상에는 알려 있지 않지만 멋진 작품은 무수히 많다. 해서 나는 명화가 자기 자신의 경험과 생각을 통해 만들어진 것을 말하는 것 같다.

· 일반적으로 명화는 잘 그린 그림인데 사실 그 중에서도 잘 알려져 있는 그림들을 명화라고 한다. 대부분의 명화는 동시대적 작품 사이에서 변화를 겪는 작품들이라는 특징을 가지고 있다. 예를 들면 잘 알고 있는 세잔, 피카소, 달리, 몬드리안, 키르히너 등등 여러 가지 방면에서 새로운 생각을 갖고 이전의 것을 뒤엎는 작가들이다.

· 일반적으로 명화란 아주 잘 그린 그림, 또는 유명한 그림이다. 예를 들어 빈센트 반 고흐의 '별이 빛나는 밤' 등이 있다. 앞서 말했듯이 명화는 아주 잘 그리거나 유명한 그림이라 하였는데 내 생각은 꼭 잘 그려야만 명화라고 할 수 있는 건 아닌 것 같다. 개성 있는 그림과 내가 전하고자 하는 내용 등이 있어도 충분히 명화라 칭할 수 있다고 생각한다. 만약 모든 그림이 정말 실제처럼, 인체모형처럼 일관되게 그려졌다면 모두 명화라 칭할 수 있었을까?. 그러므로 나는 명화가 꼭 잘 그려야만 하는 그림이 아니라 그 특유의 개성, 화가가 말하고자 하는 목적 등이 들어가 있는 하나의 동화책 같다고 생각한다.

· 객관적 사실의 명화는 '아주 잘 그린 그림, 또는 유명한 그림'을 나타내는 말인데, 내가 생각하는 명화란 잘 그린 그림만이 아니라 내가 보는, 볼 수 있는 것들을 아름답다고 생각하며 느끼고 그것을 이미지화 시키면 명화가 될 수 있다고 생각한다. 그리고 자신의 개성이 나타나도록 그린 그림도 그린 사람의 심리와 생각이 보여지는 것이라 명화가 될 수 있다고 생각한다.

· 그 화가가 살아온 삶과 그 시대의 배경, 가치관이 표현되게끔 표현된 것이 명화라고 생각한다.

· 보통 명화라고 하면 이름 모를 보지 못한 그림이 아니라 아주 유명하고 이름만 말해도 아는 그림을 뜻합니다. 화가들이 자신의 세계관을 뚜렷하게 표현해낸다면 얼마든지 명화가 될 수 있습니다. 설령 첫 시도여도 말입니다. 명성이 높고 유명해야만 그림을 잘 그리는 건 아니라고 생각합니다. 그리고 진짜 명화란 거짓이 없고 꾸며냄이 없는 진실된 노력을 해서 만들어진 작품이 아닐까 생각이 듭니다. 그래서 저도 그 명화를 만들기 위해 많이 노력할 것입니다.

· 내가 생각하는 명화란 '자신이 생각하는 그림의 의미'라고 생각한다. 그 그림이 잘 그

려졌든 못 그려졌든 그 그림에서 솟아나오는 그 의미가 진정한 명화라고 생각한다.

· 내 생각에는 유명하고 엄청 뛰어나게 잘 그린 그림이 아니어도 그 그림이 의미하는 바가 뛰어나다면 그게 명화인 것 같다. 그림이 단순하거나 못 그려도 설령 어린 아이가 그린 낙서 같은 그림도 그 사람의 이야기가 잘 담겨 있다면 그게 정말 명화인 것 같다.

· 그 사람의 심리상태나 가치관을 나타내는 것이 명화인 것 같다. 예를 들어 반 고흐도 기분에 따라 쓰는 색깔이 달라지는 것처럼 그 화가의 심리상태에 따라 명화도 달라진다.

· 내가 생각하는 명화는 예술가들의 생각과 특징이 담긴 예술품이다. 각자 그림을 그릴 때 사용하는 기법이 다르고 관념과 사고방식이 달라서 예술가 각자의 특징이 잘 나타나는 것 같다. 그래서 나에게 명화란 자신의 고유 특성과 성격이 담긴 예술 작품이라고 생각한다.

· 내가 생각하는 명화는 잘 그리거나 유명함을 넘어선 그 작품의 뜻을 깊게 품은 작품이라고 생각한다. 이 작품에서 화가가 어떤 생각을 가지고 어떤 경험을 가지며 자신만의 표현방법을 사용해서 그린 작품이 진정한 가치를 지니고 있다고 생각하기 때문이다.

명화? 누구든 공감할 수 있는 것이겠지?

· 아무리 잘 그린 그림도 재미가 없고 감동을 주지 않으면 보고 싶지 않을 것이다. 또한 사람들에게 깊은 생각을 주는 그림이다. 가치 있고 의미 있는 그림이 명화다.

· 명화는 보기 좋으면서도 심오한 의미를 가지고 있어야 하는 것 같다.

· 명화는 아주 잘 그려진 또는 유명한 그림을 뜻한다고 한다. 나도 이 사실에 어느 정도 동의하는 바이지만 유명한 그림이 명화다. 이것은 아니라고 본다. 전문가들, 비평가들, 관중들이 보았을 때 객관적으로 훌륭한 그림을 명화라고 할 수 있지 않을까? 또 꼭,

잘 그려진 그림이 아니더라도 표현력이 좋다거나 전달력이 훌륭하다면 그것도 명화라고 할 수 있을 듯하다.

· 일반적으로 매우 잘 그린 그림, 유명한 그림이 명화이고 누구나 잘 아는 그림이라는 뜻도 있다. 내가 생각하는 명화란 잘 그리지 않아도 특색이 있으면서 매력있고 모든 사람이 아는 것이 아닌 한 명이든 여러 명이든 인원에 상관없이 누구라도 좋아해주면 명화인 것 같다.

· 일반적으로 명화란 유명한 그림이고 내가 생각하는 명화는 유명하기도 하지만 많은 이들에게 감동과 임팩트를 준 그림이다.

· 내가 생각하는 명화란 사람들에게 감동이나 공감을 주는 작품이라고 생각한다. 다른 사람이 공감하지 못하면 유명해질 수 없고, 무언가 울림이 있어야 명화라고 할 수 있지 않을까?

· 내가 생각하는 명화란 세월이 흐르는 것에 따라 가치가 변하지 않는 그림이다. 모두가 긍정하지 않더라도 누군가는 그림을 보고 무언가를 느낄 수 있거나 세상이나 예술계에 어떤 변화를 불러일으키는 정도에 따라 그 가치가 정해지는 것 같다.

· 아무도 시도하지 않았던 기법을 사용한 그림이다. 사실 명화의 기준은 정해져 있지 않다. 사람마다 생각하는 명화의 기준은 다른 것이다. 나는 명화의 기준을 이렇게 말하고 싶다. 명화는 그 작품에 특징이 잘 나타났는가에 따라 결정되는 것 같다. 작품 속에서 특징이 잘 드러난 명화를 굳이 말하자면 레오나르도 다빈치가 그린 '모나리자'를 말할 수 있다. 그 그림의 특징은 눈썹이 없는 것과 미소이다. 그림에서 나오는 미소는 은은한 미소로 특징이 두드러진다. 다른 그림을 뽑아보면 '진주귀걸이를 한 소녀'를 말할 수 있다. 어두운 배경에서 나오는 한 줄기 빛, 큰 눈, 약간 벌어진 입 등이 그림의 특징인데 이런 것들이 그림을 명화로 만드는 것 같다. 내 생각에는 작품 속에 드러나는 특

징의 깊이가 있으면 명화가 되는 것 같다.

· 나는 유명하든 유명하지 않든 그림의 의미와 가치를 잘 파악할 수 있는 그림들이 명화라고 생각한다.

· 내가 생각하는 명화는 색의 사용, 인물의 구도, 배치, 명화에 담긴 추억, 화가의 독창적인 기법을 사용한 그림이다. 인물의 배치가 부자연스러우면 색조합이 좋고 화가가 그림을 잘 그렸어도 무언가 아쉽다. 또는 명화에 이야기나 추억이 없다면 좀 재미없는 그림이 될 것 같다. '만종'이나 '서당' 같은 그림은 그림 안에 그 상황이 그대로 드러난다. 그림만 봐도 그 상황이 어땠을지 실감이 나고 재미있다. 화가의 독창적인 기법(점묘법, 피카소의 추상적인 그림, 이중섭의 그림 등)은 그 화가의 독창성을 돋보이게 하는 최선의 방법이라고 생각한다. 그래서 나는 명화엔 이런 요소들이 있어야 한다고 생각한다.

· 내가 생각하는 명화란 가치가 있고 기억하고 생각할 수 있는 그림 같다. 그냥 간단한 그림보다 그것을 보았을 때 힐링되고 의미있고 감동이 있으며 세대와 시간을 초월하는 그림들 같다.

· 내가 생각하는 명화는 값어치가 있는 그림이며 그림이 아주 아름답고 신비로운 것인 것 같다.

· 막연하게 잘 그렸다기보단 생각 즉 뜻이 있는 그림이 명화라고 생각한다. 아무생각 없이 그린 낙서는 예술작품이 아니지만 선 하나를 의미 있고 뜻깊게 그리면 그것대로 명화라고 생각된다. 또한 인정을 받지 않아도 유명하지 않아도 훌륭하고 가치 있는 그림이라면 충분히 명화라고 생각해도 될 것 같다. 그래서 우리는 인정받지 않아도 유명하지 않더라도 명화 하나 정도는 그릴 수 있지 않을까 싶다.

· 내가 생각하는 명화란 그린 사람의 마음 또는 생각을 그림을 보는 이들에게 최대한 많이 보여줄 수 있는 거라 생각한다. 예술은 자신의 생각을 표현하는 것인데 그것을 잘

했다면 명화가 아닐까 생각이 든다. 거기에 더해 그림을 보는 사람이 그림을 보고
끝없는 생각을 할 수 있다면 그것이 최고의 명화라는 생각이 든다.

· 주로 명화는 잘 그려 유명한 미술작품이라고 알려져 있다. 나도 저번까지만 해도
그저 그런 줄로만 알았다. 하지만 이번에 많은 활동을 하며 느낀 것은 명화란 사람
의 인생 그 자체라는 것이다. 모든 명화는 대부분 사람이나 사람에 관련된 것들을
표현하고 있다. 사회풍자적인 작품을 보면 공감하거나 흥미롭게 보는 사람이 있
을 것이다. 왜일까. 바로 현실, 인간사회에 관련되고, 그를 주제로 했기 때문이다.
명화는 인생이다.

세상에 명화(작)는 많다. 이미 유명해진 작품들뿐만 아니라 앞으로 유명
해질 작품들도 있고 지금도 지구상 어디에선가 제작되고 있을 걸작들도 있
을 것이다. 그러나 그것이 나와 너의 주변에 없는 것이고 우리의 지적, 감성
적 촉수를 건드릴 수 있는 기회조차 없는 것이라면 걸작인들 우리에게 어
떤 의미가 있을 것인가?

일부 계층에서는 지적이고 감성적인 결과물에 천문학적인 돈을 들여 사
고팔기도 하면서 재테크 수단으로 삼기도 한다. 또한 경제적인 상속 방법
으로 후손에게 증여하기도 한다.

이렇게 작품을 사고 증여를 하며 누군가의 주변에 넘쳐난다 한들 그 행
위 주체들이 작품을 보고 지적, 감성적인 촉수가 감응하지 않는다면 또 어
떤 의미가 있을 것인가?

내 주변에 걸작들이 없어서 느끼고 감응할 계기가 없고 내 생각을 표현
할 기회조차 제대로 주어지지 않는다면, 또 작품들이 있다고 해도 각자에

게 적합한 교육의 기회가 주어지지 않아서 지적, 정서적 자극과 변화의 기회가 없다면 어떨까.

우리 자신은 주변에 넘쳐나는 물건들과 크게 다를 바 없을 것이고 삶은 공허해질 것이다.

꼭 그것이 미술에 국한되지 않더라도 어떠한 환경에서든 어떤 계기에 의해서든 바라보고 감응할 수 있는 구체적인 기회가 주어져야 한다. 그러한 기회들 이전에 개인에게도 나름대로 무엇인가를 표현하고 드러낼 수 있는 충분한 기회와 시간이 있어야 한다.

나를 표현하는 것은 상대적인 '너'들이 있기 때문이고 상대적인 '너'들이 나열되어 내 안의 촉수가 '너'들에 반응할 때 비로소 나도 풍부해질 수 있다.

나와 너를 표현하고 드러내어 바라볼 수 있는가. 한 발 더 나아간다면 그 표현물에서 쏠림과 아름다움을 느끼며 이해할 수 있는가?

삶의 진정성이 작품에 표현될 때 쏠림과 아름다움은 자연스럽게 뒤따른다. 삶의 진정성이 담긴 아름다운 것은 열려서 통하고 치유되게 한다.

진정성이란 특별한 누구의 인생에만 있는 것은 아니다. 태어날 때 인생을 선택해서 오지 않고 그저 각자 개인 앞에 주어진 삶을 살아가는데, 누구의 인생만 특별하게 아름다운 것도 아니다. 다만 삶의 진정성이 무엇인가를 통해 표현되었을 때 특별해질 수 있고 또 누군가 그것을 바라볼 때 특별한 의미로 다가갈 수 있다. 같은 의미로 특별하게 누구의 것만 명화가 될 수 있는 것도 아니다. 아이들의 해석대로 유명하지 않더라도 알려진 그림이 아니라고 해도 한 개인에게 의미가 있다면 작품으로서 충분한 가치가 있다.

우리는 어떠한 경우라도 혼자 살아가지 않는 이상 많은 관계들에 직면한다. 다양한 관계들 속에서 자신의 존재를 돌아보고 느끼고 이해하는 행위는 자신의 가치를 아는 것, 동시에 타인의 존재와 가치를 아는 것이다. 이는 삶을 좀 더 나은 단계로 변화하게 하는 토대가 된다.

며칠 사이에 20세를 갓 넘긴 청년이 잔인하게 피살되는 PC방사건 피의자에 많은 사람들이 분노하고 있다. 그 일이 있고 하루가 채 지나기도 전에 증오에 가득 찬 살인사건들이 연이어 보도되고 있다. PC방 알바생 살인범으로 공개된 청년의 얼굴에는 우리 사회의 어두운 일면이 묻어난다. 혼자만의 동굴에서 독버섯처럼 자란 타인에 대한 냉정한 분노와 무감각이 그것이다. 화가 나고 참을 수 없다면 무엇이든 물건처럼 던져버리고 부숴버리면 그만인 것으로 체화되어 버린 것이다.

무거운 돌덩이가 온몸을 짓누르는 이상한 고통이 내내 가시지 않는다.

사회가 요구하는 생산성과 부가가치가 높은 사람들은 밝은 세상을 누릴 가능성이 많다. 그러나 어떠한 이유에서든 낙오된 이들은 그늘에 가려진 채로 자신의 인격을 스스로 제거해 냄으로써 더 이상의 고통은 타인의 것으로 전가시키는 행위를 피해가기 어려울 것이다.

PC방의 청년이 어떤 계기를 통해서 자신의 고통을 드러내는 표현의 기회를 가지고 타인과 소통할 수 있었다면 또는 자신의 존재가 소중하다고 여겨지는 삶을 살 수 있었다면 지금과 같은 불행한 결과로 귀결되었을까?

자신의 양심과 도덕성을 스스로 제거해 버리는 것이 차라리 살아남기 쉬웠음을 학습하지 않았을 것이라는 생각은 나만의 것이 아닐 것이다.

더 늦기 전에 아이들이 꼭 미술시간이 아니라도 원한다면 언제라도 여유 있게 휴식을 즐기고 공원을 산책하며 공연도 만나고 책도 만나며 미술도 많이 만날 수 있기를, 학교 밖을 나서기만 하면 번쩍거리는 화장품 상점이나 피시방에만 유혹당하지 않고 다양한 가치를 찾아갈 수 있기를 희망한다.

관조의 시간은 새로운 생각을 낳고 대상을 새로운 관점에서 바라보게 한다. 새로운 생각에 뿌리가 나고 나무가 자라서 큰 나무로 성장하면 그것의 열매와 씨앗은 들판을 푸르게 할 수 있을 것이다.

에필로그 자기만의 방

누구나 한번쯤은 다를 수 있다

초등학교 2학년 때였을 것이다. 초겨울 여느 때와 같은 등교일, 그날은 간간이 비가 왔고 을씨년스러웠다. 어디서 시작되는지 모를 바람소리가 귓가에 휑휑 지나갔다. 그 소리는 솜털도 벗겨지지 않은 어린 것을 미지의 공포에 밀어 넣고 있었다. 그런 날씨에도 학교는 가야 했다. 집에서 학교 가는 길은 나무 한 그루 보이지 않는 벌판으로 이어져 작은 걸음으로 1시간 이상을 걸어야만 하는 곳이었다. 당시 나는 평범한 아이였고 자기표현을 잘 하지 않는 축에 속했던 것 같다. 딱히 중간에서 딴짓을 한 것도 아닌데 학교에 들어서니 운동장은 너무나 조용했다. 이미 수업이 시작된 것이다. 개인적인 사정보다 학교가 절대적이라고 생각하던 시절이기에 집으로 되돌아갈 수도, 교실로 들어갈 수도 없는 난감한 상황이 된 것이다. 비를 맞아 옷이 젖었지만 집과 학교 어디쯤에 머물러야만 집에서라도 별 탈이 없을 것이라고 생각했으리라.

아무도 없는 학교구석을 찾아 돌아다니다가 교실의 바깥 창틀 아래 시멘트로 두껍게 홈이 진 곳을 찾았다. 가방을 맨 채 쭈그려 앉아 종소리와 선생님 그리고 아이들 목소리를 들었다. 하교 시간이 될 때까지 그곳에서 머물렀다. 웬만해선 눈에 띄지 않는 혼자만의 작은 공간이다.

초겨울 날씨는 축축한 홑겹 옷으로 둘러싸인 작은 몸을 더욱 초라하게 만들었고 햇빛도 인색하기 짝이 없었다. 어린 마음에도 왜 나는 저들의 세계에 성큼 들어가지 못할까, 스스로 미련한 생각을 하면서 조용히 웅크리고 있었다. 그들은 평소와 같이 아무렇지도 않게 일과를 메꾸어 나갔다. 내가 있든 말든 마치 그런 아이는 알지도 못하는 것처럼 따뜻하고 안전한 교실 안에서 평온한 하루를 지나고 있었던 것이다.

초겨울이 되면 시골길에 지천으로 널려 발밑에 깔리던 올망졸망한 작은 식물들조차도 제각각의 삶을 추억이라도 하듯이 강렬한 색으로 사람의 시선을 유혹한다. 아마도 그 작은 것들이 내게 지각을 하게 했는지도 모른다. 그리고 내가 저지른 작은 어긋남은 시멘트 틈에 끼인 작은 생명에게 햇빛 한 조각이 얼마나 간절한지를 깨닫게 해주었다. 시작과 끝이 어딘지 모르는 스산한 외로움도 내 몸과 마음에 달라붙기 시작했다. 그것은 교실 안의 안락한 너희들이 아직 경험하지 않은 신의 발자국이었다.

외로운 보물창고

　자의든 타의든 우리가 살지 않던 공간이나 장소에 자신을 던져 놓는 계기를 맞기도 한다. 내게 있어서 자신을 던져놓는 행위는 의도적일 때도 있었다. 초등학교 2학년 때 지각 사건 이후에 나는 그런 공간들을 무의식적으로 찾게 되었는지도 모른다.

　초등학교 4학년 때 우리 가족은 시골에서 도시로 이사를 했다. 나도 모르는 사이에 엄마가 시골과 도시를 바쁘게 오가며 뚝딱 만들어낸 새 집이다. 그 집을 지은 건축업자는 공평네다. 지금도 명확하게 기억하는 이유는 지붕에 누수 때문에 엄마가 공평네라는 이름을 자주 입에 올리셨기 때문이다. 그 공평네가 지은 집에는 작은 키인 내가 허리를 다 펼 수 없는 높이의 다락방이 있었다.

　다락방으로 향하는 문을 열면 다락방으로 연결되는 열두 칸 정도의 나무 계단이 눈앞에 펼쳐진다. 그 계단 한 칸 한 칸에는 특별한 일이 있을 때 꺼내 먹거나 쓰는 물건들을 올려놓기도 했다. 나무로 만든 제기, 은수저 세트, 다리미, 찹쌀가루를 반죽해서 넓게 튀긴 후 꿀과 튀밥을 얹어 만든 유과, 강정, 조청, 김이나 다시마, 곶감 따위가 있었다. 나는 그것들을 표가 나지 않을 만큼 조금씩 조심스럽게 먹다가 너무 많이 먹어 푹 자리가 난 곳은 성글게 배치하고 최대한 표가 나지 않도록 하는 데 최선을 다했다. 다락방 계단은 그런 곳이었다.

계단을 모두 올라야 만나는 다락방은 나처럼 작은 사람도 조금은 구부정하게 걸어야 할 만큼 천장이 낮았다. 생활하기에는 불완전한 공간이기에 집안의 온갖 잡동사니들을 품고 있는 곳이기도 했다. 그 공간은 들어가고 싶다고 아무 때나 쉽게 들어갈 수 있는 공간은 아니었다. 부모님의 주 거처였던 안방에 입구가 있었기 때문이다. 안방에 아무도 없을 때라야만 올라갈 수 있었다. 또 몰래 올라갔다고 해도 화장실을 가야 하는 일이 생기면 안방이 가까운 계단에서 누군가의 말소리가 들리는지, 사람이 있는지 없는지를 숨죽이고 한참을 들어보아야만 한다. 아무도 없을 때 화장실을 다녀와야 하기 때문이다. 그렇게 주변 속임을 완벽하게 하고 나서야 혼자만의 극적인 놀이가 시작된다.

아무도 몰래 살짝 올라간 다락방에는 아래층을 볼 수 있는 작은 창문이 있었다. 집안에서 누가 무슨 말을 하는지 대략 알 수 있는 작은 역할을 하는 창문이었다. 사람들의 모습은 머리와 어깨가 주로 보이고 하체는 발이 많이 보이는 그런 구조였다. 나는 마치 죽은 사람의 영혼이라도 된 듯이 사람들 위에서 그들을 바라보는 것 같은 생각이 들었고 그들의 웬만한 비밀은 모두 볼 수 있을 것만 같았다. 나는 그 놀이가 마음에 들었다.

다락방 놀이는 그뿐이 아니었다. 다락방에 있는 신기한 물건들을 마음껏 볼 수 있는 것이다. 퀴퀴한 냄새를 품고 '시몬 너는 아느냐 낙엽 밟는 소리를'로 시작되는 누렇게 낡은 책, 국문과 한자가 섞여 세로로 쓰인 작은 책들이 있었다. 며칠인지 알 수 없는 어둠을 책갈피 삼은 낱장들 사이로 작은 벌레들이 기어 다니기도 했다. 그 책들 사이에는 오랫동안 묵묵히 눌려 카키 빛깔을 유지하던 개쑥줄기와 한때는 퍽 고왔을 듯한 꽃도 달려 있었다. 그것들을 넣어둔 것이 누구의 손길인지 알 길은 없었다.

다락방의 한 귀퉁이에는 대여섯 개의 크고 작은 보따리가 쌓여 있었는데 양장점을 운영하던 외가에서 가져온 자투리 천들이었다. 보따리를 풀고 쌓인 천들을 한 장 한 장 넘길 때마다 보이는 색과 무늬와 질감들은 다른 세상이라도 열리는 듯한 혼미한 착각으로 나를 밀어 넣었다. 그것들은 눈에 보이는 세계와 보이지 않는 세계의 경계에서 나의 호기심을 끝도 없이 자극했다.

이런 저런 옷감에 넋이 빠져 몇 시간이고 지나다 보면 다락방은 널브러진 보따리들과 흩어진 천으로 어지러워진다. 쌓아진 보따리를 하나하나 꺼내 보고 나머지 한두 개 보따리가 남았을 때쯤 뒤편 벽에 가까운 곳에 어둑하고 희미하게 보이는 병 안에는 무엇인가 보였다. 가까이 보니 그 안에는 또아리 튼 뱀이 금방이라도 기어 나올 것 같이 병 입구를 향해 고개를 빳빳하게 들고 있었다. 등골에 얼음이라도 박히는 듯한 섬뜩함이 지나가는 순간에도 나는 뱀의 눈을 보았는데 그 눈은 뿌옇게 들뜬 풀씨 같아 보였다.

나무의 속껍질이 다 벗겨지지 않은 채 비정형 형태로 천장을 가로지르는 둥근 나무와 거기에서 나는 이상한 향, 그것들에 빠져 한참을 지나다 보면 다락방 아래 주방에서 주방기기들이 달그락거리는 소리가 들리기 시작한다. 해는 뉘엿뉘엿 지는데 오랫동안 보이지 않는 나를 찾지도 않고 엄마는 저녁을 짓기 시작하는 것이다. 그때 저 너머 알 수 없는 곳에서 오는 석양빛은 왜 슬프도록 불타는지 알 수 없었다.

다락방의 나는 아무도 모르게 누군가의 비밀을 바라볼 수 있을 것 같은 즐거움이 있었다. 그러나 사람들에게 멀어진 나는 외로운 생각도 들었다. 내가 없어져도 아래 있는 사람들은 알기나 할까, 하는 서글픈 생각을 하면서 잠이 들기도 했다.

내가 그곳에 가지 않았더라면, 온갖 잡동사니를 보면서 넋이 빠지지 않았더라면, 사람들이 사는 세상을 마치 영혼이라도 된 것처럼 느껴보지 않았더라면, 외로운 기억의 파일들이 내게 없었다면, 현실적인 생각들로만 채워져 감정의 낭비 따위 존재하지 않는 인간이 되었을지도 모를 일이다. 나는 그런 순간이 내게 있었음을 조용히 기뻐한다.

고스트 셀

나의 작품들은 고스트 셀(ghost cell: 유령세포)이라고 부르기로 했다. 작품의 형식과 내용이 합쳐진 명칭이다. 구멍이 뚫린 철망을 겹겹이 이용하다 보니 입체감도 생기고 이쪽과 저쪽이 통하는 투조의 효과를 보는가 하면 자연스럽게 주변 공간도 함께 포함된다. 작품의 일부분에는 무늬가 있기도 하고 없기도 한 천조각들이 사용되었다. 공간을 포함하고 있는 철망 뒤로 보이는 천은 옛 기억의 한 조각을 보는 것 같은 시각적인 재미를 주기도 한다.

지나가버린 수많은 순간은 지금 내가 여기에서 꺼내 보지 않는다면 누구의 기억에도 없고 기억할 수도 없는 어떤 것이다. 지금 이 순간 순간 지나가는 장면이나 생각들도 일부는 내 기억의 저장고 어딘가에 저장되면서도 다른 일부는 형체도 없이 사라져 갈 것이다. 우리는 언제나 현재를 살아가고 있다. 어느 날 어떤 계기에 의해 기억의 장면을 떠올리는 것은 현재와 과거를 동시에 살고 있기도 하는 삶의 일면을 내비치는 것이기도 하다.

그것이 가능한 것은 보이지 않는 기억들이 나의 곳곳에 세포들로 누적되고 망처럼 조직되어 지금의 나를 뒷받침하고 있기 때문이다. 기억해 보려고 노력해도 보이지 않거나 어느 날 갑자기 문득 한 조각이 떠오르기도 하는 유령같은 기억세포들이 있기 때문이다. 나의 작품들은 그러한 생각들이 얽어진 형상을 취하고 있다.

고스트 셀은 아직 한번도 세상에 나가보지는 못했다. 시작도 늦었을 뿐더러 손도 많이 가고 생각과 표현기술이 딱딱 맞아 떨어지기도 쉽지 않다. '창작'이라는 것을 오랫동안 묵혔다가 하다보니 더 그런 듯하다. 그래도 어찌나 새록새록 재미나는지 한의원에서 어깨에 침을 맞아가면서도 눈만 뜨면 어서 달려가서 작업하고 싶은 때가 많다. 첫 전시가 이루어지면 다른 사람들은 내 작품들을 어떤 시각으로 감상할지 궁금하기도 하다(하나의 작품이고 양면으로 제작되었다).

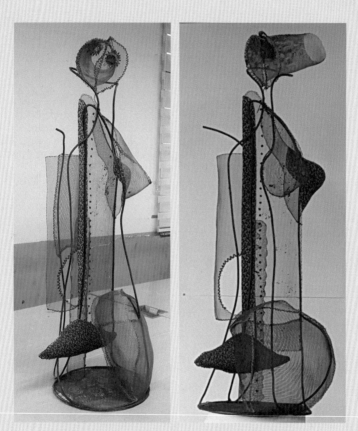

어떤 방을 바라보는 너, 2018년, 950× 400㎝, 철사, 실, 철망, 천

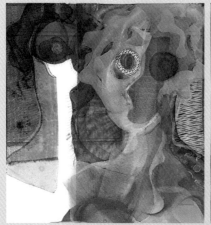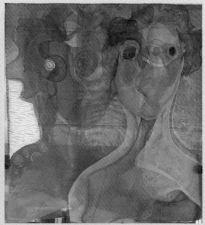

나·너·나·너, 2018년, 100×940㎝. 철망, 실, 천,

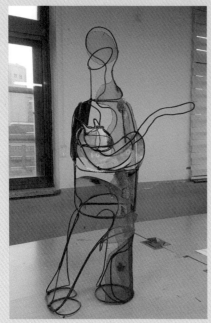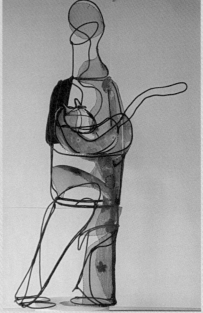

고양이를 안고 있는 사람, 2018년, 980 ×530㎝. 철사, 실, 철망, 천

혼돈의 시간

이 이야기는 현실에 기반을 두었으나 각색되었음을 밝힙니다. 이 이야기는 '나'라는 한사람의 입장에서 내가 느낀 것을 중심으로 썼다. 그러므로 진실은 아닐 수 있다. 그런 이유로 혹시라도 누군가에게 있을 오해나 잘못될 추정을 방지하기 위해 각색하게 되었다. 내가 살아가는 과정에서 좀 더 가깝게 작품에 다가가게 된 하나의 계기가 된 사건으로 이해해 주기 바란다.

지나고 보면 아무것도 아니었더라는 흔하디흔한 말이 맞는 말이었다. 이제는 아무것도 아닌 것이 되었지만 당시 나에게는 그 학교가 있는 쪽도 바라보고 싶지 않을 만큼 가슴 아픈 일이었다.

교육공무원의 감축 발령이라는 사건이 별안간 작은 시골학교에 나를 떨궈 놓으면서 그 일은 일어났다. 그 작은 학교에는 교장 1명, 교사 8명이 있었고 학교 전체가 3학급에 학생 수는 30명도 되지 않았다.

학교가 있는 곳은 내가 사는 시내에서 자동차로 한 시간 정도를 달려야 갈 수 있는 곳이었다. 시골 학교 아이들이 있는 곳에 자동차를 이용하여 밤낮으로 출퇴근하는 도시인들은 교원들뿐이었다. 통상적으로 한번 발령을 받으면 육년간을 근무해야 한다. 그러므로 육년간 하루에 두 시간씩 출퇴근하는 셈이다.

이런 학교에 농어촌에서 차곡차곡 쌓은 점수로 교감과 교장이 되는 꿈을 가진 이도 있었고, 그런가 하면 처음부터 관리직에는 관심이 없고 아이들과 함께하는 것을 좋아하는 교사도 있었다. 그 학교는 다른 학교들과 마찬가지로 그런 교사들이 공존하며 운영되는 곳이었다.

그런데 당시, 학교를 운영하는 큰 동력 중에 하나는 교육이라는 수단을 이용하여 관리자가 되고자 하는 교사의 욕망에 뿌리를 두고 있는 면이 많았다. 그러한 이유로 교사 사회는 교장과 교감이 되려는 각자의 욕망이 맞물리는 가운데 가장 강력한 업무적 이해관계가 발생하는 곳이기도 했다. 특히 농어촌 점수가 있는 작은 학교에 승진하고자 하는 교사가 다수일 경우는 문제가 심각했다. 내가 근무하던 학교는 교사 8명 중 한두 명만 제외하고는 모두 승진에 뜻이 있었고 나도 그중에 하나였다. 동료들 간에 이해관계가 충돌하고 갈등이 일었다.

나 자신이 너무 많은 욕심을 부린 것을 간과한 채 내 욕심이 채워지지 않을 때 원인을 주변에서 찾으면서 동료교사들에게 극심하게 적대적인 감정을 가졌다. 특정 동료교사뿐만 아니라 동료교사에 동조하는 주변 교사들에게마저도 적대적이었다. 겉으로는 아무렇지도 않게 대했지만 내심 부정적인 감정이 내 안에 똬리를 틀고 있었다.

그 학교에는 내가 발령받기 전부터 이미 잠재적으로 승진을 염두에 둔 교사들이 있었다. 그 중에서 A교사는 교감 지목을 받은 상태여서 단 1년만 더 부장을 하면서 근무평가를 잘 받기만 하면 교감발령을 받을 수 있는 교사였다. 점수가 가장 필요했던 건 그였다.

그런 이유로 그의 모든 업무 실행이나 관계 맺기에 판단과 행동의 기준은

'교장이 근무평가를 잘 줄 수 있는 것이냐'였다. 근무평가를 잘 받기 위해서는 어떤 경우든 교장의 눈 밖에 나거나 민원의 소지가 되어 상급 기관에서 논란거리가 되게 하는 일은 있어서는 안 되었고 교장에게나 교육청에 도움이 되도록 해야 하기에 그로서는 당연한 일이었다.

이런 그에게 사사건건 훼방꾼이 있었다. 그는 40대 B교사다. 특정 종교나 단체와 연관해서 지역사회와 위원회를 좌지우지할 만큼의 힘을 가지고 있었고 교장에게까지도 서슴없이 영향력을 발휘할 수 있는 사람이었다. 그런 B가 A에게는 큰 복병이었다. 작은 학교 안에서 일어나는 크고 작은 문제를 자신의 해석대로만 끌고 가려고 하는가 하면 자기 마음대로 되지 않을 경우에는 상대의 허점을 잡아 여론을 이용할 수 있는 주도성이 있었다. 그러한 B의 성향이 A의 수족을 묶고 있었던 것이다.

그럼에도 불구하고 A교사는 현명했다. B교사가 A교사의 앞에서 교육청에 발령을 다시 내라고 민원을 넣어야 한다느니 출근을 9시까지 하는 것이 정당하다느니, 그것은 자기가 할 일이 아니라느니, A교사의 입장에서 생각할 때 억지스런 말을 해도 반박하지 않고 흔들리지 않았다. 얼굴은 붉어져서 금방 터질듯 하면서도 끝까지 인내했다. 본래의 인성과 미래의 명예에 대한 욕망이 적절하게 뒤섞여 그를 충분히 지탱하게 했다.

다른 교사들은 각자의 이해관계와 교묘하게 맞물려 B교사에게 동조하고 있었다. 어찌 되었든 교감 지목을 받은 A가 1년간 근무평가를 받아 떠나면 또 누군가 그 자리를 가져가기 위해 내밀한 각축전이 벌어질 수 있는 상황이었다. 당연히 B는 그 상황을 주도했다.

교사들 중에는 정년을 몇 년 남기지 않은 원로교사도 있었다. 오랜 재직 기간 동안 관리자들의 좋지 않은 모습들을 마음속에 누적해온 교사다. 때문에 관리자와 승진하려는 교사에 대해 불신과 적개심으로 마음의 반을 채우고 마음의 반은 정년 후를 생각했다. 그러한 이유로 현재 자신이 발 디디고 있는 교육에 대한 사명감을 갖기 어려웠던 그는 원로교사 C다.

그런 C교사에게도 일이 생겼다. 마침 아주 예쁜 외모의 젊은 제자가 같은 학교로 발령을 받아오니 그 제자의 보호막을 자처하는 일이 생겼던 것이다. 스승교사와의 관계나 자신의 이미지를 적당히 활용할 줄 아는 어리고 착한 D교사가 바로 C교사의 제자다. D교사 역시 욕심이 있었다.

E교사는 나와 비슷한 나이대로 특정 종교를 통해 B교사와 유대감을 가졌다. E교사는 내가 가진 모든 것을 자신과 비교하고 경계하며 못마땅하게 여겼다. 그러나 E교사는 항상 착하고 옳았다. 여기에 역시나 승진을 염두에 두는 조금 더 사회성 좋은 F교사도 있었다. 그리고 G교사, 대개는 복잡한 것 싫어하고 좋은 게 좋은 것, 승진하기에 어중간한 점수와 어중간한 나이, 주변에서 판단해준 대로 쉽고 편한 삶을 추구하는 교사가 구성원이었다.

이런 구성원들이 모여 있는 가운데 순진하게도 나는 열심히 일하여 승진을 위한 점수를 따보겠다고 생각했으니 험로가 될 수밖에 없었는지도 모른다. 여덟 명의 구성원들은 농담으로 건넨 한마디, 일상의 안부를 묻는 말에도 예민해지고 위장된 선의들이 출렁거렸다.

나는 주어지는 일을 열심히 하면서 기왕 내 욕심도 채우고자 했다. 처음에는 B와 호의적인 관계를 맺어 가는 듯했다. 그러나 작은 교무실에서 매일 생활하며 점차 서로 너무 다른 개성을 갖고 있으며 각자의 셈법이 다르다는 사실을 알게 되었다. B는 그 작은 학교에서 교장보다도 더 많은 권력을 행사하고 싶어 했고 실제로 그렇게 했다. 각종 위원회의 위원이었고 종교로 엮어진 지역사회 위원들조차 자신의 조직과 같은 부분이 있었다. 몇 명 되지 않는 교사들도 그의 테두리에 있었다. 그런데 막상 학교 업무에서는 무슨 일을 하는지 알기 어려웠고 정체성이 모호했다. B의 입장에선 학교 일 중엔 생략해야할 업무들이 많아 보였던 것 같다. 그러나 나는 그런 B의 의견에 동조하지 않았고 함께 어울릴 수 없었다. 관점에 따라서는 B의 업무 방식이 부분적으로는 타당한 면이 있다고도 생각되었다. 하지만 내 편, 네 편 가르는 패거리 만들기와 패거리의 힘을 이용해서 학교조직을 마음대로 좌지우지하고 특정인을 소외시키려는 행위만큼은 내 안의 무엇이 용납하지 않았다. B가 자신의 생각이나 행동의 방향에 대해 '민주'라는 이름으로 포장한다고 해도 개인의 권력욕을 채우기 위한 방편에 불과하다는 생각이 들었기 때문이다. B는 그런 나를 꺾어버리고 싶어 했다. 그런데 참 절묘하게도 C, D, E, F, G교사들의 이해관계와 B의 성향이 서로 하모니를 이루었다. 그 하모니가 나에게는 극약처방이 되고 말았지만 말이다.

나는 그곳에서 승진에 눈이 멀어 조직과 동조할 수 없는 못된 외톨이처럼 되어버렸다. 그리고 점점 더 구석으로 몰려 직장따돌림의 대상이 되었다. 말하지 않아도 느껴지는 분위기, 눈빛, 자기들끼리만 통하는 언어들이 많았다.

이 작은 학교에서 어떻게 이런 일이 일어날 수 있다는 말인가?

나는 정련되지 못한 채 점점 더 거칠게 저항했다. 나는 갈수록 더 소외되고 비틀렸으며 어느 순간은 나 스스로가 진짜 문제가 있는 교사처럼 느껴질 때조차 있었다. '열심히 일하면서 승진도 하고 싶다'는 내 생각은 타인들의 필요와 의도가 개입되어 승진에 눈이 멀어 물불을 가리지 않는 것처럼 조작되었다.

더욱 괴로웠던 것은 이러한 사실을 그 누구에게도 말할 수 없다는 것이었다.

'너에게 문제가 있지 않느냐'고 말하지 않지만 십중팔구는 그렇게 답을 내어놓을 것이라고 생각했기 때문이었다. 어떻게 나에게 어떤 문제도 없겠는가? 당연히 문제는 있을 수 있지만 상황을 극단적으로 몰고 가서 이도저도 할 수 없게 된 지경에 이르기까지 오로지 나만의 문제였을까?

이런 생각들이 오가기는 했지만 그 이야기 자체를 누구에게든 꺼낼 수 없었다. 왜냐하면 누구나 피곤한 상황을 들어주는 것 자체가 힘들다는 사실을 잘 알고 있었기 때문이었다. 그리고 "어떻게 그런 일이 있을 수 있느냐"고 "너 혼자만 더 심각하게 받아들이는 것은 아니냐"고 할 것이기 때문이었다.

더구나 그 구성원들은 내가 발령 받아 오기 직전에 이미 다른 한 사람과 극심한 갈등을 겪었다. 그 사람은 다른 곳으로 전근갔지만 조직 안에 남은 트라우마는 갈등을 겪고 떠나간 사람과 나를 동일시하는 면이 있어서 동료들과 나의 관계에도 악영향을 미치는 것 같았다. 나는 옴짝달싹할 수 없었다.

Full Fathom Five, jackson Pollock, 1947년, 캔버스에 유채와 손톱, 압정, 버튼, 열쇠, 동전, 담배, 성냥 등. 129.2 × 76.5cm/ 어둡고 불안한 내면 묘사

윌렘 드 쿠닝, 〈여인 I〉 1950-52

추함을 보다

작은 조직이라고 하더라도 그 사회의 구성원들의 옳고 그름보다는 집단에서 분리되는 것을 두려워해서 폭력적 패거리에 묻어가거나 각자의 이해관계를 앞에 두는 것을 얼마든지 볼 수 있다. 나는 그것을 그곳에서 경험했고 그에 대한 분노가 쌓일 때 내 안에 하이드도 자라고 있었다. 상상 속에서는 실행할 수 없는 살인 충동이 일었다. 기관총을 쏘아대는 장면을 상상했고, 독극물도 상상했다. 조금 더 교묘한 방법도 상상했다. 내가 범인이지만 누구나 범인이 될 수 있는 상황을 상상해 보기도 했다.

당시 나를 보았던 사람들은 교사인 내가 이토록 영혼이 짓이겨진 채 그런 생각들을 하며 살고 있다는 것을 상상하지 못했을 것이다. 그곳에서 그렇게 육년이 지났을 때 나의 영혼과 육신은 만신창이가 되었다. 타인을 살해하는 것은 즉 나 자신을 죽이는 것이나 다름 없었다. 독립적으로 생각하고 행동했다는 것, 단순히 내가 선택하고 행동했기 때문에 그런 결과로 귀결되었던 것일까?

당시는 내가 교사라는 직업을 가지고도 부정을 상상할 때 스스로에 대한 이중적 자책에 시달리기도 했다. 교사로서 잠재적 범죄자로서 또 괴물 같은 자신의 모습을 스스로 바라볼 때 자신의 다중적 정체성에 뒤따라오는 현기증으로 의식이 혼미해질 지경이었다.

꽉 막힌 상황을 극복할 수 있는 힘은 다른 데 있었다.

내가 미술 교사라서 뜻하지 않은 순간에 작품을 만날 수 있었던 것이다. 어떤 곳에도 마음을 둘 수 없을 때 비로소 고흐와 샤갈, 폴록의 작품들이 무엇으로 사람을 끌어들이는지 마음의 언어로 느낄 수 있었다. 자연과 인간 사이의 어느 지점에서 나를 흡수해버리는 힘을 느낄 수 있었다. 소울메이트를 만난 것과 같았다. 그림을 바라보는 시간이 안정과 쉼의 시간이었다.

그리고 드 쿠닝의 '여인'이라는 작품에서 나를 보았다. 추하게 일그러진 내 자신의 모습을 드 구닝의 그림에서 들여다보게 된 것이다. 나의 욕심과 나쁜 상황이 만들어낸 관계의 비틀림, 그리고 극단적인 생각들이 반영된 육체, 거칠고 악하게 변해버린 내 모습이 투영되어 있었다. 무엇 때문에 나 스스로를 이 지경에 이르기까지 파괴시켜버린 것일까, 라는 의문과 그런 파괴됨은 다른 사람에게도 일어날 수 있었다는 두 가지 사실로 옮겨갈 수 있었다.

'나 말고 또 나 같은 사람이 있다는 것', '타인도 같은 것을 경험한다는 것'을 아는 것'은 그 자체만으로도 숨통이 트이는 일이고 주어진 조건과 상황에 따라서 '누구든 그럴 수 있다'는 이해의 영역으로 진입할 수 있었다.

비록 어두운 세계이긴 하지만 나를 알아주고 말이 아주 잘 통하는 무엇과 만난 것이다. 나를 해석할 수 있는 조형언어를 느끼는 경험을 통해서 전과 다른 나를 만날 수 있는 통로로 들어선 것이다.

이면

그곳에 있었던 아이들이 불순물 없는 표정으로 작품을 함께 바라보았다. 운동장 한편에 피고 졌던 제비꽃만큼이나 소박하고 순수한 아이들이었다. 돈 있고 살만한 집 아이들은 대부분 시내로 빠져 나가고 남은 아이들은 엄마나 아빠의 여의치 못한 사정들로 할머니 댁에 와 있거나 여유가 되지 않아 자녀들을 그곳에서 다니도록 둔 경우다. 그리고 둘, 셋 정도는 도시 학교에서 적응하기 어려워하는 아이들인데 처음에는 험악한 얼굴로 학교에 전학 왔다가도 2, 3개월이 지나면 주변 아이들과 비슷한 정도로 순화되는 마법에 걸려들고 만다. 2, 3개월 동안에 별다르게 큰일도 없고 모든 교육활동은 학교에만 의존한다. 다만 학교가 끝나고 서로의 집을 왔다 갔다 하며 함께 놀고, 함께 먹는 그들만의 산골짜기 마을 문화에 젖어들어 버린 결과다.

그런 아이들과 같은 공간에 있는 9명의 교사들은 그 아이들과 전혀 다른 법칙으로 움직이면서 서로의 상처에 소금을 뿌리는 일상을 보냈다. 그런 일상을 보내는 중에도 교실에 들어가 그 아이들과 함께 했던 시간은 혼돈 속에서도 나를 지탱할 수 있게 해주었던 시간이었다.

내가 지나온 시간들에는 또 하나의 영역, 감각적인 것들이 함께 하고 있

샤갈, 창가에서 본 파리, 1913년

다. 웅크린 고양이 같던 겨울 산들, 이슬이 머문 싱그러운 청순함과 함께 억센 생명력이 느껴지던 청보리밭, 학교 뒤뜰에 생의 기쁨처럼 피어난 패랭이꽃들, 억센 땅 위에 거짓말처럼 올라온 분홍색 상사화, 세월이 함께 머문 사찰의 꽃살문, 하늘과 땅을 온통 노랑으로 물들인 은행잎들 그리고 몽롱한 향기로 흠씬 취하게 했던 라일락꽃이 있었기 때문이다.

내게도 그랬던 것처럼 그것들은 누군가 어디에선가 고양이의 눈 같은 미지의 눈으로 비춰지고 그려져 새롭게 탄생하기도 한다. 인간의 세포와 자연이 결합해서 시각적인 조형세계가 되는 것이다. 그렇게 태어난 것들은 누군가에게는 새로운 세계를 열어주기도 한다.

새로운 세계의 열림은 특별한 사람들만의 것이 아니다. 어떤 계기와 관심을 통해서 누군가는 누구든지로 변모될 수 있다. 누구든지 어떤 계기가 되었든지 조형적인 미지의 세계로 거침없이 들어설 때 새로운 감각과 정서적 표현의 세계로 진입할 수 있다.

그것은 말과 글의 세계 이전에 태어났던 무궁무진한 원석의 세계이며 말과 글의 모체이기도 한 거대한 세계이다. 거기에는 나의 모습도 있고 당신의 모습도 있다. 선과 악, 윤리성, 도덕성, 사회성을 따지기 이전의 세계 즉, 좀 더 근원적인 세계로 진입해 들어가서 나와 너의 무중력적 근원과 마주하고 삶으로 재도약할 수 있는 에너지를 얻을 수 있는 곳이다. 인공적이면서도 근원적인 힘이 숨 쉬는 곳이다.

내 안의 하이드 죽이는 법

　요즘 근무하고 있는 학교에서 평소 긍정에너지로 가득한 선생님이 미술실에 오셨다. 내가 습작 차원으로 해본 몇 작품이 어떻게 생겼는지 보고 싶고 궁금해서 오셨노라고 말씀하셨다. 그 선생님은 내가 도저히 따라할 수 없는 큰 장점을 가지고 계신 분이다. 아이들의 좋은 면을 보아주시고 칭찬을 아끼지 않으며 혼신이 마르고 닳토록 자상하게 대해주시는 선생님이다. 그래서일 것이다. 그 선생님이 담임이 된 아이들은 평안하다. 다른 선생님이 담임일 때는 요란하게 힘들었다가도 그 선생님이 담임이 된 후부터는 얼마 지나지 않아 잠잠하게 잦아들어 안정된 학교생활을 하게 된다.

　그 선생님과의 대화 중에 내가 이렇게 말했다.

　"선생님 저는요, 글을 써놓고 보면 부정적인 데가 많은 것 같아요. 아이들도 보면 힘들어 하는 모습이 많이 보이구요. 학교, 학원이 감옥 같다, 답답하다고 느끼는 아이들이 많은 것이 자꾸 눈에 들어와요."

　선생님은 이렇게 응답해 주셨다.

　"그것은 생각하기 나름이에요. 내가 무엇을 보려고 하느냐에 따라 다른 것 같아요. 부정적인 것을 보면 계속 부정적인 것만 보여요. 나도 부정적이고 안 좋은 것이 왜 없겠어요. 누구든지 불행한 면 있어요. 불행하게 생각하면 한도 끝도 없어요. 하지만 좋은 것을 보려고 노력해요. 나는 즐겁다, 행복하다. 자꾸 그렇게 생각해요. 그래서 아이들에게도 그런 면을 보려고 하는 거예요. 아이들도 그래요. '학교생활이 즐겁다, 행복하다' 이렇게 생각할 수도 있어요."

맞다. 그런데 긍정에 이르기까지는 내 안에서 어떤 부분과 화해가 필요하다. 부정에 대한 뿌리가 분명 어디엔가 있기 때문이다. 아주 어린 시절일 수도 있고 청소년기나 성년기도 될 수 있을 것이다. 그 어떤 시기의 '나'와 마주쳐서 이해하고 화해해야만 긍정의 거울로 변모될 수 있다. 거기에는 적극적인 대처가 필요하기도 한데, 어느 순간을 계속 부정하면서 괴로워할 바엔 차라리 그것은 나의 또 다른 면이라고 인정해버리는 방법은 어떨까. 인정을 통해서 긍정의 다리로 건너오는 것도 하나의 방법일 것이다.

개인의 여러 가지 측면이 동시에 혼재된 모습은 피카소의 그림처럼 기묘할 수도 있다. 피카소는 우리가 바라보는 시각은 단편적인 시각일 뿐이라고 입체주의적 그림들을 통해서 말하고 있다.

〈인형을 안고 있는 마야〉는 피카소와 마리테레즈라는 여자 사이에서 낳은 딸을 그린 작품이다. 우선 얼굴 중에서 눈과 코를 보면 정면과 측면이 동시에 그려 있다. 다리도 종잇장처럼 기묘하게 접혀 있다. 일반적인 공간에서 볼 수 있는 정상적인 형태가 아니다. 여러 시각에서 보이는 면들을 동시에 한 화면에 조합했기 때문이다. 단지 내가 보는 면이 앞면일 뿐이지 내가 보는 대상의 참모습은 옆모습에도 뒷모습에도 동시에 존재한다는 사실을 보여주고 있다.

이 그림에서 나타나는 여러 가지 관점은 우리 생활에도 그대로 연장된다.

파블로 피카소 [Maya à la poupée], 1938

동일한 시간, 장소, 공간, 사람을 누가 어떤 관점에서 어떻게 바라보느냐에 따라서 얼마든지 다르게 보거나 생각할 수 있다는 것이다. 또한, 하나의 사건이나 사람에 대해서도 다양한 모습으로 대처할 수 있다는 사실을 간접적으로 드러내기도 한다. 다시 말해서 우리가 보고 있는 것은 자신의 의지에 따라 보고 싶은 대로, 보이고 싶은 대로의 모습을 얼기설기 엮어 보거나 보일 뿐이라서 자신이 보고 싶은 대로 왜곡시키고 대처할 수 있다는 뜻이다.

내 안의 하이드는 그래서 자란 것일 가능성이 높다. 눈에 보이는 것이 전부가 아닌데 내가 보고 있는 단편적인 방향에서만 누군가를 바라봤기 때문에 갈등이 발생한 것이다. 나의 단편적이고 왜곡된 시각이 나에게 하이드를 만들고 자라게 했던 것이다.

내가 문제의 상황을 좀 더 입체적이고 종합적으로 바라볼 수 있었더라면 상황은 달라졌을지도 모른다. 한 면만을 바라보게 했던 어떤 상황에도 문제가 없는 것은 아니지만 내가 문제를 소극적으로 한 방향에서만 바라봤기 때문에 개인의 동굴에 머물며 타인을 밀어냈을 가능성이 높은 것이다.

사람들에게는 여러 가지 면이 있다. 그 여러 가지 면을 1부터 10이라고 가정했을 때 주어진 상황에 따라서, 대면하게 되는 사람에 따라서 1에서 10 사이 최악이나 최선의 카드를 내밀 수 있다는 것이다. 하필이면 내가 했던 말과 행동들이 부정적 입장으로 읽혀 설득력이 없었을 것이고 상대로 하여금 그가 지닌 여러 카드들 중에서 부정적 카드를 내밀게 했을 수 있다는 뜻이다.

결과적으로 쌍방이 편협한 시각으로 서로를 바라봄으로써 상대를 정확하게 읽지 못하고 갈등을 야기하여 각자의 내면에 하이드를 자라게 한 것이다. 시간은 이미 지나갔지만 당시의 내가 피카소처럼 있는 사실을 종합적으로 볼 수 있는 안목이 있었다면 나와 그들의 사이에 하이드가 끼어들지 않았을지도 모른다.

작품을 아는 것은 작품에 사용된 소재와 기법과 형태와 색채와 질료를 주제와 종합해서 이해함으로써 삶의 진실에 다가가는 것이다. 작가의 입장에서 작품을 제작한다는 것은 그것이 어떤 것이라도 삶의 순간을 포착하고 영혼을 통과해서 재료와 빛과 색으로 표현해 내는 종합적인 과정이다. 이런 과정들은 그것이 꼭 미술사의 한 획을 긋는 의미 있는 것이 아니라고 해도 개인의 삶의 과정에서 인상적인 것이 될 수 있다면 친구가 제작한 작품이든 자신이 제작한 것이든 어느 이름 없는 작가의 작품이든 명작이 될 수 있는 조건은 충분하다. 많은 사람에게 알려지고, 많은 사람을 치유하고, 공감하고 감동할 수 있다면 공식화된 명작으로 거듭날 수 있을 것이다.